超訳 吉田松陰語録

運命を動かせ

齋藤 孝

角川文庫
23820

はじめに　志を立て、情熱の炎を燃やした男

吉田松陰は私にとって、二つの意味で非常に特別な存在だ。

一つは、次の世代を育てていくことに力を尽くした教育者としての松陰。

もう一つは、常に「国のために、世のため人のために何ができるか」を考えて行動した、ある種革命家としての松陰。

これら二つの側面が合わさった松陰の思いを共有できるという点で、私は格別な親しみを感じている。

おそらく、みなさんも松陰の言葉に触れると、同じような共感と親しみを覚えるのではないだろうか。

数々の危機に直面している日本にあって、仕事や学問、日常生活を通して社会と関わり合う者として、松陰の力強い言葉が私たち現代人の心に突き刺さらないはずはない。何らかの形で触発されないわけはない。私はそう思っている。

教育者・松陰の功績

文政《ぶんせい》十三（一八三〇）年に現在の山口県萩市に杉家の次男として生まれた松陰は、五歳で吉田家に養子に入り、六歳で家督を継いだ。吉田家は代々、山鹿《やまが》流兵学の師範家だ。

松陰は幼少期より、後に松下村塾《しょうかそんじゅく》を開いた叔父の玉木文之進《ぶんのしん》に「私」よりも「公」を重んじる生き方――言い換えれば武士の生き方を厳しく、徹底的に叩き込まれた。そして、十歳で長州藩の藩校・明倫館で山鹿流兵学を教え、十一歳で藩主・毛利敬親《もうりたかちか》の前で『武教全書《ぶきょうぜんしょ》』を講義するほどの俊才ぶりを発揮した。

そんな松陰が松下村塾で、叔父から引き継ぐ形で講義を始めたのは、安政《あんせい》三（一八五六）年。諸国遊学を経て、下田で密航に失敗して野山獄《のやまごく》に入れられた後（二十五歳）のことである。

ただ、その〝松下村塾時代〟は三年弱と、意外と短い。それにもかかわらず、高杉晋作《しんさく》、久坂玄瑞《くさかげんずい》、品川弥二郎《やじろう》、さらには伊藤博文《ひろぶみ》、山県有朋《やまがたありとも》ら、優秀な門弟たちを育てたのは驚くばかりだ。ちなみに、桂小五郎（後に木戸孝允《きどたかよし》）は明倫館に学んだが、松陰の同志という意味では松下村塾の門弟に近いものがある。

その門弟たちの幕末・維新にかけての活躍には目を見張るものがある。たとえば高杉は奇兵隊を編成し、幕府との戦いで長州を勝利に導いた。その〝異常事態〟を契機に長州は力を持ち、薩摩《さつま》と組んで幕府の時代を終わらせた。さらに明治新政府では、日本の初代総理大臣になった伊藤博文をはじめ多くの長州人が要職に名を連ねるに至った。

といったことを考えると、松下村塾の同志たちが成したことは大きすぎるほどだ。松陰は教育者として、たぐいまれな結果を出した人ともいえる。教育学者として大学で教鞭《きょうべん》をとる私は、だから松陰に非常に興味がある。松陰が志向した教育のあり方に大いに刺激を受けてもいる。

たとえば、「生徒に考えさせる」姿勢。『孟子《もうし》』などの古典を教材にしながらも、現実に日本で、世界で起きている問題を念頭において議論をするスタイルだ。「君ならどうするか。君はどう思うか」。松陰は古典をひもときながら、大事な場面がくると生徒にこう詰め寄る。そうして「自分の頭で考える」ことを促し、松陰と生徒が議論をする形で、講義が進められるのだ。

これはまさに、いまの教育が求めている「問題解決型の学習」そのもの。生徒が自ら問題を提起し、解決策を模索していく。それによって、「自分の頭で考え、判断できる」学力ならびに、「人と議論し、交渉するなかで解決策を見出していく」能力を養う。一言で言うなら、「現実的な生きる力を持つ人間を育てる」ための教育である。学校だけの問題ではない。ビジネス社会にあっても、この松陰式教育は、部下を育てるうえで非常に参考になるはずだ。

塾に限らず、松陰がいるところにはどこでも、たとえ牢獄であっても、現実を踏まえて「学ぶ集団」が形成される。ここは、私が教育者・松陰のもっとも気に入っているところだ。常に教える立場だけに立とうとはせず、自分も生徒から学ぼうとする姿勢を持っている。

たとえば松下村塾では、武芸にうとい松陰は門下生といっしょになって修練した。みんなで川に行って泳いだり、童心に返って遊んだりもした。また、野山獄では、自分があまり得意ではない俳句や書を、それが得意な〝囚人教師〟から学ぶこともした。

松陰は二十代と若かったせいもあり、門下生にとっては先生というより、兄のような存在だったかもしれない。塾のみんなは家族のように仲良く、かつ先生も生徒も全身全霊でぶつかり合いながら切磋《せっさ》琢磨《たくま》を重ねていた。

この「熱気あふれる学び合う場」をつくる力を松陰から学びたい。

人生そのものが松陰の著作

次に、革命家・松陰について。よく「日本に革命はなかった」と言われるが、松陰と同志たちの集団が原動力になって、世の中をつくり変えたという意味では、松陰は革命家であったと言っていい。その革命家・松陰はやたら「死んでみせる」というようなことを言う。何もいたずらに死にたいわけではない。真意は、

「自分が日本を守るために死ぬことによって、自分に続く者が次々と出てほしい」

というところにある。

欧米の脅威から日本の独立を守ること、欧米のいいところを学びとって日本の近代化を推し進めていくこと、そのための事業を成すという松陰の志の前に、自らの死を厭《いと》う理由はなかったのだ。

わずか三十年の生涯の最後の十年、松陰は日本中を旅したり、ムチャなことをしては捕まって獄中生活を強いられたりしている。その間、膨大な記録や手紙を残している。それらを同志に向けて発信することで、日本を大きく動かしたのだ。

もちろん、松陰ひとりの力で日本の近代化が成し遂げられたわけではない。松陰がいなくても、近代化の灯が消えてしまうことはなかっただろう。それでも「松陰がいたからこそ、日本は近代国家として独立できたのだ」とさえ思えるくらい、松陰が大きな影響力を発揮したのは歴史的事実である。

考えてみれば、松陰に「主著」と呼べるものはない。生き方そのものが著作であっ

て、燃え広がる情熱の炎のようだ。その炎は松陰の死後、志を受け継いだ同志によってさらに燃え盛り、燃え広がっていったわけだ。

ただ、松陰は革命派でありながら、尊皇攘夷《そんのうじょうい》という復古的な主張もした。そういう意味では保守派的な一面もある。いったい革命派なのか、保守派なのか、簡単には決められない。また、革命派にも保守派にも尊敬される、松陰の不思議な魅力があるように思う。

肚《はら》から吐き出された松陰の生きた言葉

松陰の言葉は、常に現実とぶつかり合いながら肚《はら》から吐き出された生きた言葉である。だから、時代を超えて、私たちの肚に届く。

本書では、そういう松陰の言葉をわかりやすく噛み砕いて紹介させていただいた。「いまの時代なら、松陰はこんなふうに言ったのではないか」と、ちょっとイタコになったつもりで、現代風に翻訳する形をとった。

もしかしたら、松陰ファンの方は「砕きすぎ」と思われるかもしれない。けれども、漢文調・古文調の原文のまま読むと馴染みにくい方も多いと思うので、いまの時代の言葉として受け取ってほしいという思いから〝超訳〟させていただいたしだいである。

原文も併記したので、あわせて味わってみてほしい。

松陰は、夢で見た『二十一回猛士《もうし》』という言葉を号として好んで用いた。二十一回猛《たけ》きことをなすのを自らのミッションとし、気力を充実させた。

本書を読むうちに、みなさんのオヘソの下、臍下丹田《せいかたんでん》辺りに気力の塊のような、覚悟のようなものができることを、私は願っている。「私の肚から出た言葉を、君たちの肚で受け止めてほしい」というのが松陰の思いでもあると思うからだ。

また、自分のことに汲々《きゅうきゅう》としている人が多いこの時代、天下国家の行く末を見据えて吐いた松陰の言葉には、みなさんの心からもやもやとした曇りを取り払ってくれる力がある。そういう「気が晴れる言葉」としても本書を読んでいただければ幸いである。

齋藤　孝

目次

3章　覚悟を決める

4章 心を磨く

5章　人を育てる

1章　志を燃やす

一　志とは

志とは、世のため人のために何かをやろうと思うこと。その志を持ち、一心に生きることが重要だ。
だから、私は私の志に沿って行動するのみである。

吾《わ》れは我《わ》が志《こころざし》を行《おこな》はんのみ。

（安政《あんせい》六年三月五日頃「福原又四郎《ふくばらまたしろう》に復《ふく》す」）

【解説】

「志は何かって？　えーっと、何だっけな。そういえば、あったような気もするけど……ちょっと考えさせて」

こんなふうに、志は何かと問われると、しどろもどろになってしまう人が少なくない。

最近はとみに、「志がある」と明言できない人が増えている感がある。志に生きた松陰から見ると、何ともふがいない状況だろう。

志というのは、世の中を良くしようという思いである。言い換えれば、心のエネルギーが「私」ではなく「公」に向かうベクトルだ。

したがって、「日本一の金持ちになってやる！」というようなものは野心ではあるが、志とは言わない。単なる私的な願望である。

志のために何をするかは、時代によって変わるし、仕事内容によっても異なる。具体的なものは個々人が考えればよいことだが、大事なのは、

「『公』のために生のエネルギーを燃やして生きよう！」

と思って行動すること。それが「志のある生き方」というものである。

二　「素志《そし》」を持つ

事を成す出発点にある「素志」というのは、鉱石にたとえるなら、何物にも傷つけられない硬いダイヤモンドのようなもの。

自分に才能がないとか、失敗をしたとか、気にすることはない。何が起ころうとも、それで素志が挫《くじ》けることはないのである。

菲才《ひさい》或《あるい》は敗《はい》を致《いた》すも、素志《そし》は終《つい》に摧《くだ》けず。

（安政元年九月以降「五十七短古《ごじゅうしちたんこ》」）

【解説】

「もしうまくいかなかったら」と負の結果ばかり気にして、なかなか思いを行動に移せない人が多い。何かをやる前に迷いすぎるのだ。

たとえば、好きな人がいても、「ふられたらどうしよう」という思いが先に立って告白できない。いつまでたっても現状維持の片思いのまま。そんなふうだと、やがてその人を最初に好きだと思った気持ちまで挫けてしまう。

あるいは仕事で認められる・認められない、出世する・しないは、他者が決めることなのに、「認められなかったら、出世できなかったらどうしよう」と気にする。そのために自分の仕事をまっとうすることに気がいかず、結果的にちょっとした失敗から挫折してしまう。そういったケースで共通するのは、大もとの、「素志」が置き去りにされていることだ。「初志貫徹」という言葉をアレンジして言うなら、何事にも「素志貫徹」——素志を自分の中心に置くことで、才能や事の成否にこだわらずに突き進んでいく勢いが生まれる。いたずらに結果を憂えることなく、「素志貫徹」の姿勢を貫くことにこそこだわりたい。

三　心は小さく、胆《きも》は大きく

私的な欲や感情は小さいほうがいい。日常の細々としたことにとらわれず、何があってもどっしり構えて事を成す、胆《きも》の大きな人間でありたい。

吾《わ》れ常《つね》に心《こころ》は小《しょう》ならんことを欲《ほっ》し、胆《きも》は大《だい》ならんことを欲《ほっ》すの語《ご》を愛《あい》す。

（弘化《こうか》三年春「客《きゃく》の難《なん》ずるに答《こたう》ふ」）

【解説】

「胆が大きい」と聞いて思い出すのは西郷隆盛《さいごうたかもり》だ。なにしろ勝海舟《かつかいしゅう》をして「西郷の胆の大きさは他とは比べようがなかった」と言わしめた「豪胆」ぶり。だからこそ、西郷は幾多の困難にも動じず、常にどっしり構えて新しい国づくりに邁進《まいしん》できたのだろう。

胆は、ヘソの下（臍下丹田《せいかたんでん》）に感じる力であり、覚悟の強さである。いまは胆の大きな人間がどんどん減ってきたように見受ける。胆が小さいから、私欲に振り回されたり、自分自身の快不快にかかずらったりすることにもなる。私心の部分が肥大化してしまっているのだ。

そんなふうに「心が大きく、胆が小さく」なると、事を成す覚悟が決まらない。しかも、世の中は自分の思い通りにはならないから、心は疲弊し折れやすくなる一方だ。ここは一つ、松陰よろしく「心は小さく、胆は大きく」をスローガンに掲げてみてはどうだろう。

少なくとも、些細なことにいちいち動揺したり、気分が鬱っぽくなったりすることは少なくなるはずだ。

四　アイデンティティを持つ

仕事の種類に貴賤《きせん》はない。大事なのは、その仕事を通して自分が世の中に役立つ何をやるのか、ということである。その職分を志にしたがって尽くす。それが、自分のアイデンティティ（存在証明）を確立する、ということである。

吾《わ》れの自《みずか》ら処《お》るは当《まさ》に学者《がくしや》を以《もつ》てすべし。謂《い》ふ所《ところ》の学《がく》なるものは書《しよ》を読《よ》み詩《し》を作《つく》るの謂《いい》に非《あら》ず、身《み》の職《しよく》を尽《つく》して世用《せよう》に供《きよう》するのみ。又当《またまさ》に武士《ぶし》を以《もつ》てすべし。謂《い》ふ所《ところ》の武《ぶ》なるものは麤暴《そぼう》の謂《いい》に非《あら》ず、君《きみ》に事《つかえ》へて生《せい》を懐《おも》はざるのみ。

（弘化四年「寡欲録《かよくろく》」）

【解説】

松陰は言う。

「自分は学者だが、ただ本を読んだり、詩をつくったりするだけではない。学んだことを世のため人のために役立てるのが職分だ。

また、武士でありたいと思っているが、それはすぐに刀を抜いて人を斬《き》りつけるような粗暴な行いをしたいからではない。国のために命を惜しまず行動することが本分だ」と。

私たちは仕事を種類で捉えがちだが、それは違うと言うのだ。

たとえば公務員の場合、役所に勤めていれば職種的には誰が見ても公務員だ。しかし、「大した成果をあげなくても、一生安泰。生活が保障されている存在なんですよ」といった認識で勤めているとしたら、職分にもとる生き方と言わざるをえない。「公」のために責任感とやりがいを持って「務」めるのなら、まさに公務員だ。

アイデンティティとは、心理=社会的なものだ。社会のなかで自己の存在証明をしていくことだ。どんな職種であれ、松陰のようにまず「自分は世のため人のために役立つ。これを職分とする」と決めること。そうして自分のアイデンティティを確立して生きることが、志を貫いて生きることに通じるのである。

五　言うべきことは言い、やるべきことはやる

これをやってしまえば、自分がひどい目に遭《あ》うことはわかっている。それでも、やらずにはいられない。魂とは、そういうものである。世のため人のためを思ってのことであるならば、わが身かわいさから保身に走ることなく、結果を恐れずに言うべきことは言い、やるべきことはやらなければいけない。

かくすればかくなるものとしりながら
やむにやまれぬやまとだましひ《い》

（安政元年四月二十四日「獄中《ごくちゅう》より家兄伯教《かけいはくきょう》に上《たてまつ》る書《しょ》」）

【解説】

この歌は、国法を犯し密航を企てて捕まった松陰が、下田から江戸伝馬町《てんまちょう》獄に護送される途中で詠んだものとされる。松陰にしてみれば、投獄は覚悟のうえ。「日本が欧米に侵略されてなるものか」という国を思う気持ち――大和魂に衝き動かされて、やらずにはいられなかった、ということだ。

組織にあっては、トップや上司の言うことに対して異を唱えるのは、なかなか難しい。それが会社を思う気持ちから出た言葉・行動であっても、「逆らうな」「余計なことをするな」などと疎まれ、左遷やクビになる危険があるからだ。

しかし、異を唱えたいのに唱えず、やるべきだと思うこともやらず、みんながトップや上司の言うことに唯々諾々と従ったために会社が沈んでいく例は少なくない。みんなが〝事なかれ主義〟で保身に走ると、組織は良くならないのだ。

とはいえ、本当に左遷やクビになると困るので、言うべきことを言い、やるべきことをやれるよう、日ごろから上の人と信頼関係をつくっておくといい。そのうえで「現場ではこういう声もあるので、もう一度考え直していただけませんか」などと交渉していく感じにすると、松陰にちょっと近づけると思う。

六　国のことを知らないのは恥

自分の国でいま何が起こっているのか、知らないというのはどういうことだ。ああ、恥ずかしい、恥ずかしい、恥ずかしい、恥ずかしい、恥ずかしい……。それは本当に恥ずべきことだよ。

嗚呼《ああ》、国事《こくじ》を知《し》らざる、愧《は》づべし〱《はずべし》〱《はずべし》〱《はずべし》〱《はずべし》。

（嘉永《かえい》四年十月二十三日「兄《あに》杉梅太郎《すぎうめたろう》宛《あて》書簡《しょかん》」）

【解説】

現代は「情報社会」と言われる。たしかに、インターネットが出現してこの方、情報はあふれ返っている。しかし一方で、国で起きている大小さまざまなことを知らない、あるいは知ろうとしない人が増えているという現実もある。

その一つの背景には、とくに若者が紙の新聞をあまり読まなくなってきたことがある。「ネットで見ている」という人が多いかもしれないが、あれは事の軽重がわかりにくい。ラインナップが並列化されていて、しかも限られた文字数しかないからだ。加えて、ニュースが配信されるのは新聞よりもテレビよりも速いものの、大事なニュースが時間経過とともに画面から消えていくのも速い。

その点、紙の新聞は記事の位置取りやスペースから、ニュースの重要度が測れる。また、クリックせずとも、紙面をバサッと広げるだけで、多種多彩な記事が一度に目に飛び込んでくるのもメリットだ。

松陰がいまの日本の実情をあまりにも知らない人たちを見たら、「愧《は》づべし」を五回繰り返してもなお足りないと思うかもしれない。教養に関してもそうだが、「知らないことが恥ずかしくない」時代の趨勢《すうせい》に対して、松陰のこの言葉が刺さってくるようだ。

七 「自分の言葉」で語る

自分が経験したことでもなければ、ものを言える立場にもないことを軽々しく語るものではない。発言する以上は当事者意識を持って、立場をわきまえて、「自分の言葉」で語らなければいけない。
そうすれば、議論が空回りすることもなく、物事を着実に進めていける。

事《こと》を論《ろん》ずるには、当《まさ》に己《おの》れの地《ち》、己《おの》れの身《み》より見《けん》を起《おこ》すべし、乃《すなわ》ち着実《ちゃくじつ》と為《な》す。

（安政三年六月二日「久《く》坂生《さかせい》の文《ぶん》を評《ひょう》す」）

【解説】

たとえば、プロ野球の試合を見ていて、ピッチャーが不用意な球を投げ、痛打を浴びたようなとき。せいぜい草野球くらいしかやったことのないような人でも、つい「ダメだよ、あんなとこに投げちゃ」などと言ってしまう。この程度のことはまあご愛嬌にしても、自分の力量くらいはわきまえておきたい。

その意味で、「口だけJAPAN」と書かれたTシャツを着た学生を見たときは、笑いながら感心した。「ちゃんと立場をわきまえているところは評価できる」と。

松陰が言いたいのは、「発言の裏付けとなる自分の経験もないのに、知ったふうに一般論でものを言うな」ということだ。この手紙も、久坂玄瑞が時代の風に流されるように「西洋夷狄《いてき》を即座に斬るべきだ」と書いてきたことに対して、「思慮が浅い」と戒めたものである。

議論をしても、こういう一般論のぶつけ合いになると、盛り上がっているようでいて実は単なる水掛け論になったり、一つの結論を見ても実践で役立たなかったりで、物事が進まない。自分の意見を言うときは、自分の立場・経験に引き寄せて考え、一般論に流れていないかどうかをチェックすることが肝要だ。

八　夢の貯金をしておく

私はいま、野山獄《のやまごく》につながれて、堅く閉ざされた門の外に出ることはかなわない。けれども、世の中をこう変えたいという夢は、外に向かって膨らむばかり。それは誰にも止められはしない。

いましめの人屋《ひとや》のとざしかたくとも
夢《ゆめ》のかよひぢ《いじ》如何《いか》でとどめん

（安政元年十一月二十七日「兄杉梅太郎宛書簡」）

【解説】

この歌は、百人一首にある「天《あま》つ風雲《かぜくも》の通ひ《かよい》路《じ》吹《ふ》き閉ぢ《とじ》よ乙女《おとめ》の姿《すがた》しばしとどめむ《ん》」をアレンジしたもの。遊び心のきいた歌である。

ここは、〝夢の貯金〟のようなもの、と捉えるといい。成功している人というのは、だいたい「資金がなくて、身動きがとれない」状況のなかで、「いつか、こういうふうになりたい」という夢を思い描いているものだ。だから、チャンスがきたときに、すっとイメージを形にしていくことが可能にもなる。

たとえば、作家の村松友視《ともみ》さんは『時代屋の女房』で直木賞を受賞した後、〝月刊村松友視〟と称されるほど、多くの作品を世に出した。それらは大半が、売れる前に書き溜めておいた作品だったとか。これも一つの〝夢の貯金〟と言えよう。

そこでおすすめしたいのが、「夢ノート」。「いつか、こういうことをやってみたい」「やがてこうなってみせる」といった夢を、ノートに書きつけておくのだ。そうすると、チャンスがやってきたときに即、「それなら準備しています」とすぐに行動に移せる。手帳に書くのでもいい。私も高校時代からそういうノートをつけていて、なかなかいいものだと実感している。

九　自分という存在は、社会とつながっている

天下は大きな存在だが、その下に国があり、さらに家があり、個人があって成り立っている。だから、「個人の存在などちっぽけなもので、自分の行動が天下を動かすことはない」などと考えてはいけない。一人の行動が家を動かし、家が地域を、地域が国を動かしていくのだ。「自分という存在は社会とつながっている」と考え、天下を動かす気概を持って行動しなければいけない。

天下《てんか》は天下《てんか》の策《さく》あり、一国《いっこく》は一国《いっこく》の策《さく》あり、一家《いっか》は一家《いっか》の策《さく》あり、一人《いちにん》は一人《いちにん》の策《さく》あり。一人《いちにん》の策《さく》を積《つ》みて一家《いっか》の策《さく》を成《な》し、一家《いっか》の策《さく》を積《つ》みて一国《いっこく》の策《さく》をなし、一国《いっこく》の策《さく》を積《つ》みて天下《てんか》の策《さく》をなし候事《そうろうこと》、御努力《ごどりょく》是《こ》れ祈《いの》る。

（嘉永六年八月八日「兄杉梅太郎宛書簡」）

【解説】

国ひいては世界という大きな存在を前にすると、「自分には何の価値も力もない」と感じるかもしれない。会社にあっても、「自分なんか、いつ誰に取り替えられても、どうってことない存在なんだ」と思って、寂しくなることもあるだろう。

しかし、そんなことはない。松陰が言うように、一人ひとりの存在と行動がなければ、社会は動かないのだ。そう意識すると、気分がずいぶん変わってくる。

思えば戦後の復興から高度経済成長期、国民の一人ひとりが「敗戦からこの国を立派に建て直すんだ」という強い意志を持って、遮二無二《しゃにむに》働いていた。自分が働くことと国を支えることが、気分的にそう離れてはいなかったような気がする。

その意味では、経済的な発展を遂げたいま、そういう意識は持ちにくくなっている。しかし、「気の持ちよう」で、使命感は生まれる。そもそも仕事というのは何であれ、「社会に貢献する」ことを使命としている。私たちが働いて税金を納めることも、国の発展を支えることにほかならない。ここは目先の影響力の大小にとらわれず、「自分は家を、会社を、地域を、日本を背負ってるんだ」という視点を持つといい。一人ひとりの存在・力は小さくとも、社会につながっているのだから。

一〇　天命に身を任せる

もとより私は自分が生き延びるための画策をしようとは思わないし、かといって死のうと思っていたわけでもない。自分が誠と信じることを実行し、国を良くしたい、その一念だけ。

それによって生きるか死ぬかは、単なる結果に過ぎない。天命の自然の成り行きに身を任せたのである。

吾《わ》れ此《こ》の回《かい》初《はじ》め素《もと》より生《せい》を謀《はか》らず、又《また》死《し》を必《ひっ》せず。唯《た》だ誠《まこと》の通塞《つうそく》を以《もっ》て天《てん》命《めい》の自然《しぜん》に委《い》したるなり。

（安政六年十月二十六日「留魂録《りゅうこんろく》」）

【解説】

天命に身をまかせる。換言すれば、「人事を尽くして天命を待つ」――。

松陰は刑死したけれど、その死がもたらした衝撃波が同志たちに広がり、やがて日本を大きく変えていく力にもなった。それを思うと、松陰の早すぎる死もまた天命だったのだろう。

それにしても、「死んでもいい」と覚悟できるほどの「誠」というのは、ふつうの人にはなかなか真似できるものではない。志のためなら投獄されることもいとわない。そこまで一途になるのはハードルが高すぎる。

しかし、私たちが学ぶべきは、松陰はいきすぎてはいても、「私」と「公」で言えば、「公」のことしか考えていない点である。

世の中を見ると、社会的制裁を受ける人というのはたいていがどこかで私利私欲を優先させすぎているものだ。自分の利を義であるかのように見せかける。つまり私利私欲を貪《むさぼ》る言い訳に、その行為が人として正しい行いであるかのように正当化する。そこが松陰と大きく違うところであり、俗人が陥りやすい落とし穴でもある。個人の利を出発点にしない松陰の誠というものを手本としたい。

一一　船が沈むに任せてはいけない

いま、近くに外国船が停泊していて、国家が大変な危機にさらされているというのに、目の前のこの楽しげでのどかな光景は何なのだ。「微笑《ほほえ》ましい」を通り越して、悲しくなってくる。国のことなど他人事《ひとごと》で、まるで船が沈むに任せるようじゃないか。あまりにも浅はかな民衆に義憤を感ずる。

白馬碧桜《はくばへきおう》、青粉紅娥《せいふんこうが》、太平《たいへい》の光景《こうけい》目に余《あま》りたることにて、楽極《たのしみきわ》まりて哀《かなしみ》を生《しょう》ず。（中略）夷船《いはく》は近《ちか》く金川《かながわ》に泊《はく》するに、少年幼婦《しょうねんようふ》は国家《こっか》の大患《たいかん》たることをも知《し》らで、楽《たの》しげに花《はな》に迷《まよ》ふ蝶《ちょう》と共《とも》に飛《と》び、柳《やなぎ》に嬌《こ》ぶる鶯《うぐいす》と共《とも》に歌《うた》ふ《う》ことこそ浅猿《あさまし》けれと哀《かな》しみけれど、

（安政二年「回顧録《かいころく》」）

【解説】

ここは、松陰が密かに海外に渡ることを心に決め、十数人の仲間と向島《むこうじま》・白髭《しらひげ》・梅《うめ》稡《わか》辺りに行った、そのときのことを回顧した記述である。

青空の下で蝶と戯《たわむ》れ、鶯《うぐいす》とともに歌う人たちを見て、松陰は悲しくなってしまったのだ。その理由の一つは、国家が外国に侵略されそうな危機的状況にあるのに、人々がそれと知らずにのんびりしていること。「日本人として余りに浅はかではないか」と義憤に駆られたのである。

そんな松陰がもしいまの世に現れたら、やはり悲しむのではないだろうか。たとえば、国家財政が逼迫《ひっぱく》しているのに、税金は払いたくないと自分の懐《ふところ》具合ばかり心配する。その間にも国の借金は膨れ上がっているのに。そんな危機的状況に心を痛める人が少なければ船は沈んでいく。ほかにもエネルギー、少子高齢化、医療費など、国家を揺るがす危機が目に見えて「いま、ここにある」のが、いまの日本の状況だ。

もはや船が沈むに任せてはいられない。私たち一人ひとりが日本の危機に目を向け、何とかしようとがんばらなければいけないと強く思う。

一二　国を思わない日はない

もう考えないようにしようと思っても考え、もう言うのをやめようと思ったそばから言ってしまう。天下国家の問題というのは、そのくらい片時も頭から離れないものなんだよ。

扨《さて》も〳〵《さても》思ふ《おもう》まいと思《おも》うても又思ひ《またおもい》、云ふ《いう》まいと云《い》うても又云ふ《またいう》ものは国《こっ》家《か》天下《てんか》の事《こと》なり。

（安政元年十二月十二日「兄杉梅太郎宛書簡」）

【解説】

私は小学校三、四年生のときに「日本という国は加工貿易で成り立っている。資源がないなかでやっていかなければならない国なんだ」と学んでから、今日までずっと、天下国家のことを考えない日はない。東大の法学部に進んだのも、「日本を良い方向に導く裁判官になりたい」と思ったから。結果的に別の道を歩んではいるが、「天下国家のことを考えて勉強をする」ことが自然と身についている。天下国家の行く末を考える人はいまの時代にもいるが、関心が快楽に向く傾向もある。その傾向が、〝ギャンブル依存症人口〟の割合を示す数字にも表れている。諸外国が一パーセント程度であるのに対して、日本は男女平均で約五パーセント、男性に至っては約八パーセントに上るという。二十人に一人が快楽のために生活を破綻に近づけているのだ。前項の「のんびりとした庶民の姿」以上に、危機的状況だと感じる。

一方で、国を思う人もいる。たとえば、世界に打って出るスポーツ選手はその競技における日本の地位を高めよう、後進に道を開こうと、国を背負って闘う意識を持ち、それを自らのエネルギーにもしている。ノーベル賞を受賞した受賞者の方々もそうだ。松陰はもとより彼らに範を求め、天下国家を意識して行動したい。

一三　「国防」の問題を直視せよ

もし壱岐《いき》や対馬《つしま》、琉球《りゅうきゅう》を占領されたら、国の罪である。そこを管理している藩だけの責任とは言えない。幕府は国防の意識が低すぎる。外敵と戦うつもりなら、国防のことをよくよく考えるべきだ。

壱岐《いき》を侵《おか》されたら松浦《まつうら》の一家《いっか》で収復《しゅうふく》せられうか。対馬《つしま》が宗一家《そういっか》で持《も》ちこたえうか。琉球《りゅうきゅう》を取《と》られたら薩摩《さつま》の罪計《つみばか》りではあるまい、日本国中《にほんこくじゅう》の罪《つみ》であらう《ろ》。

（安政元年十二月十二日「兄杉梅太郎宛書簡」）

【解説】

原文にある「松浦の一家」は壱岐を、「宗一家」は対馬を管理する藩主の一族を意味する。「薩摩」は薩摩藩だ。

ほかにも松陰は同じ手紙のなかで、新潟や佐渡、下田、伊豆七島などの国防問題に触れている。そして、「まあ穏便穏便《おんびんおんびん》と幕吏《ばくり》が蜂《はち》のさすをつまみどける一時《ひととき》の安《あん》を偸《ぬす》み、行先《ゆくさき》の大患《たいかん》を忘却《ぼうきゃく》す」と幕府を批判。行き当たりばったりの対応で安穏としていて、将来重大な問題になることを考えようとしないことを、大いに嘆いているのだ。

これは、古くて新しい問題だ。自民党がいまになってようやく、外国との境目となるところに自衛隊の拠点をつくろうと動き出したくらいなのだから。とりわけ、壱岐・対馬・琉球辺りの国防は、松陰の時代からいまなお日本が直面している問題だと言っていい。

幕末期にすでに松陰が抱いていた「国防に対する危機感」は、いま現在の問題でもある。政府はもとより、国民である私たちもそのことを再認識し、先送りにすることなく直視していかなければならないと思う。

一四　自分の国は自分で守る

日本は三千年来、他国に屈服したことのない国である。その独立が脅かされようとしているいま、独立を守るためには、もはや幕府による統治は通用しない。みんながしっかりした独立意識を持って、新しい国家をつくらねばならない。

吾《わ》が国《くに》は三千年来未《さんぜんねんらいいま》だ嘗《かつ》て人《ひと》の為《た》めに屈《くつ》を受《う》けず、宇内《うだい》に称《しょう》して独立不羈《どくりつふき》の国《くに》と為《な》す。

（安政五年四月上旬「周布公輔《すふこうすけ》に与《あた》ふる書《しょ》」）

【解説】

鎌倉時代、モンゴルに二度にわたって進攻されたとき、たまたま大風が吹いて、日本の独立は守られた。その神風というラッキーパンチが「日本は神の威徳《いとく》に守られている」という信仰を生んだ。

しかし、神頼みで独立が守られるわけはない。松陰が生きた幕末期には、欧米列強に侵略されそうになるなかで志士たちが戦い、近代化に突き進んでいく道を開いた。そこには「自分の国は自分の力で守る」という強い意志が働いていた。

また第二次世界大戦では、敗戦により戦勝国の占領下に置かれるという最大の危機に見舞われた。帝国主義という世界の趨勢に乗っかって、「日本も領地を広げなければ独立が守られない」という大義名分があったわけだが、現実には利権の拡大を狙ってのこと。邪《よこしま》な気持ちがあったことは否めない。

この戦争の反省も含めて今後の日本のあり方を考えるとき、私たちは松陰の志を受け継いでいかねばならない。一人ひとりが国の独立と繁栄を願い、互いに支え合いながら、仕事を通して国に貢献する。そういう意識を強く持つ。国益を守るために、そして侵略と戦争を避けるために、あらゆる努力をしていきたい。

一五　自ら立ち上がれ

日本の三千年来の独立が脅かされているのを、手をこまねいて傍観しているわけにはいかない。ナポレオンが一人で自由と独立を旗印に立ち上がったように、私も微力ながら日本の自由と独立のために粉骨砕身《ふんこつさいしん》してきた。いまは獄につながれる身だが、どうか民衆たちよ、奮起してほしい。

独立不羈《どくりつふき》三千年来《さんぜんねんらい》の大日本《だいにっぽん》、一朝人《いっちょうひと》の羈縛《きばく》を受《う》くること、血性《けっせい》ある者視《ものみ》るに忍《しの》ぶべけんや。那波列翁《ナポレオン》を起《き》してフレーヘードを唱《とな》へねば腹悶医《ふくもんい》し難《やがた》し。僕固《ぼくもと》より其《そ》の成《な》すべからざるは知《し》れども、昨年以来微力相応《さくねんいらいびりょくそうおう》に粉骨砕身《ふんこつさいしん》すれど一《ひとつ》も裨益《ひえき》なし。徒《いたず》らに岸獄《がんごく》に坐《ざ》するを得《う》るのみ。

（安政六年四月七日「北山安世《きたやまやすよ》宛書簡《あてしょかん》」）

【解説】

この後に続く部分で、松陰は「草莽崛起《そうもうくっき》の人《ひと》を望《のぞ》む外頼《ほかたの》みなし」と言っている。「幕府も諸侯ももはや酔っ払いみたいなものでたのみにならないから、民衆が立ち上がって、世の中を変えていこう」と呼びかけているのだ。ただし書きとして、「藩の恩、天朝の恩を忘れてはいけないよ」としていて、ここは松陰の義理堅いところとも言える。

また、フランス革命の理念を世界に広めることを大義名分としたナポレオンが出てくる辺り、松陰は一種の革命意識を持っていたことがうかがわれ、興味深い。いまの日本でここまでの革命意識は持ちにくいとはいえ、何でも政府だのみにする傾向があるのはいただけない。「しっかりと政治をやってくれ」と突き上げるのも大事だけれど、私たちには同時に自ら立ち上がる気概を持つことが求められているように思う。

私たち一人ひとりが「草莽崛起の人」となり、民衆の力で世の中を変えていこう――松陰のこのメッセージを、いまの時代に生きる私たちも真摯《しんし》に受け止めるべきではないだろうか。

吉田松陰をめぐる人々 ① 家族

松陰の出自は、毛利藩士の杉家。禄二十六石の下級武士だ。父・百合之助はまじめ・潔癖・寡黙な人物で、子どもとともに田畑を耕しながら四書五経《ししょごきょう》の素読《そどく》をする姿がよく見受けられたと伝わる。

次男の松陰には、兄に梅太郎、妹に千代・寿《ひさ》・艶《つや》・文《ふみ》、弟に敏三郎がいる、三男四女の七人きょうだい。とくに梅太郎には旅先や獄中から多くの手紙を送っており、終生、濃い関係にあった。生まれつき耳が不自由な敏三郎の身を気づかう手紙も残っている。梅太郎は維新後、山口県に出仕し、退職後は松下村塾を再興した。

また、四人の妹の内、艶は夭折。千代は児玉祐之、寿は楫取素彦《かとりもとひこ》、文は久坂玄瑞と、いずれも長州藩士に嫁いでいる。二〇一五年の大河ドラマ『花燃ゆ』の主人公である文は、久坂亡き後、寿と死別した楫取の後妻に入っている。

松陰自身は六歳のときに養子に入った吉田家の家督を継いだが、その後も生家・杉家のきょうだいたちとの親交は続いた。

2章　迷いを断つ

一六　日々精進あるのみ

一度、自分のやるべき仕事を決めたら、事あるごとにいちいち迷うな。昼夜を分かたず、ただひたすら、その一事にまじめに取り組むのみ。その結果としての成果が上がろうが上がるまいが、気にするほどのことはない。すべては死に呑み込まれるのだから。日々の営みにこそ全力を傾けるべきである。

古《いにしえ》より志士《しし》仁人《じんじん》、恩《おん》に感《かん》じ報《ほう》を図《はか》るや、往々《おうおう》一身《いっしん》の力《ちから》を尽《つく》し、而《しこう》して之《こ》れに継《つ》ぐに死《し》を以《もっ》てす、亦《また》唯だ当《まさ》に厲精力《れいせいちから》を竭《つく》し、日夜《にちや》懈《おこた》ることなく、家《か》業《ぎょう》に孜々《しし》として死《し》を以《もっ》て之《こ》れを争《あらそ》ふべきのみ。

（嘉永元年九月「燼余《じんよ》の七書直解《しちしょちょっかい》の後《あと》に書《しょ》す」）

【解説】

松陰の時代、「家業」というのは逃れることのできない、ある種の宿命のような仕事だった。家と仕事がイコールだったのである。

現代の感覚からすれば、「家業を継ぐ」ことが義務付けられるのは、生き方として不自由な印象を受けるかもしれない。

しかし、これが案外そうでもない。職選びに迷う必要がない分、精神的には健やかな人生が送れる、という側面もある。

現代は自由な分だけ迷いも多すぎる。若者はもとより、三十・四十を過ぎてもなお、「自分は何を成すべきなのか」「こんな仕事をしたところで意味があるのだろうか」などと思い悩んでいる人が少なくないのが実情だ。

そんなふうに仕事を定められないいまま、いたずらに時を過ごすのはもったいない。

それよりも、いま目の前にある仕事を「自分のやるべき仕事」と定め、日々精進するといい。そのほうがむしろ迷いがなくなるし、その過程で新たな道が開けてくるものである。

一七　大切なものは自分のなかにある

人はそれぞれ、自分のなかに大切なものを持っている。生まれつき備わっているその大切なものを見出し、尊いものと認めて生きていくことが大切である。それが、幸福に向かう出発点になるのだ。

人々《ひとびと》貴《たっと》き物《もの》の己《おの》れに存在《そんざい》するを認《みと》めんことを要《よう》す。

（安政三年三月二十八日「講孟余話《こうもうよわ》」）

【解説】

ゲーテは「自分を愛する技術が一番大切な技術である」と言っている。また仏教では、「人間をはじめ生きものにはみんな仏性《ぶっしょう》がある」とし、「人は誰もが自分は仏陀《ブッダ》だと目覚めた瞬間に仏陀になる」という言い方をする。どちらも、松陰の言う「貴き物は自分のなかにある」という考え方だ。

「ゼロからつくれ」と言うのではない。自分が生来有している、人としての価値に気づけばいいだけ。自分というものがこの世に存在することを一つの奇跡であると気づきさえすれば、自己肯定感につながっていく。

日本人はどうも謙虚というか、遠慮がちというか、「自分なんか、大したことはない」と思い込む傾向がある。自己否定してしまうのだ。そうなると、自分に自信が持てず、最悪の場合は自殺願望を強めることにもなる。

私の大好きな詩人のまど・みちおさんは、百歳の頃にNHKのテレビ番組で子どもたちに「幸せって何ですか?」と尋ねられて、こう答えていた。

「自分を肯定することのできる人は幸せです」――。

自分のなかの大切なものを見つけて生きることが、幸せの出発点と言えよう。

一八　果たすべき役割を演じきる

人にはそれぞれ、社会的役割が与えられている。たとえば、父には父、母には母、子には子の役割がある。みんなが場面、場面に応じてその役割をしっかり演じきることによって、世の中は丸くおさまるものだ。「自分らしさ」は二の次にして、役者よろしく演劇的人生を生きるのがよい。

乱《らん》は兵戦《へいせん》にも非《あら》ず、平《へい》は豊饒《ほうじょう》にも非《あら》ず、君君《きみきみ》たり臣臣《しんしん》たり、父父《ちちちち》たり子子《ここ》たり、天下《てんか》平《たいら》かなり。

（安政二年十一月十八日「講孟余話」）

【解説】

現代は個性ばかりが重視され、常に「自分らしさ」を優先して生きることを最上とする風潮がある。

それも悪くはないが、「常に」だと問題だ。自分に拘泥《こうでい》しすぎることによって、社会が自分に期待している役割を見失う危険をはらんでいるからである。社会の調和を乱すばかりか、自分自身のアイデンティティの喪失にもつながりかねない。

そもそもアイデンティティとは、社会的な自己と心理的な自己が同一化して実現されることである。「自分らしさ」だって、他者や社会から認められてこそのものなのだ。

一人ひとりの個性以上に、果たすべき役割をしっかり果たすことに重きを置いた松陰の時代の価値観を、現代人は再認識してもよいのではないだろうか。

つまり、最初に個性ありきではなく、「会社、家庭、地域など、さまざまなコミュニティで期待されている自分の役割をその場その場できっちりこなし、そのなかで個性を発揮する」という考え方。窮屈な生き方のように思えるかもしれないが、人生全体を演劇に仕立てるようなものだから、けっこう楽しいはずだ。

一九　いま置かれているその場を愛する

江戸獄につながれていたころのことを思い出すと、思わず笑みがこぼれてしまう。非常に愉快な日々であった。

江戸獄《えどごく》に下《くだ》り候《そうろう》は一愉快事《いちゆかいじ》にて、獄中《ごくちゅう》の事今《こといま》にても折節思《おりふしおも》ひ出《だ》し、一咲《いっしょう》仕《つかまつ》り候事《そうろうこと》に御座候《ござそうろう》。

（安政二年正月晦日《みそか》「父杉百合之助《ちちすぎゆりのすけ》宛書簡《あてしょかん》」）

【解説】

この手紙を読むと、松陰はまさに「住めば都」を地でいった人だと感心する。

悪いことをして捕まったわけではないから、反省はないにせよ、少しくらい後悔したって不思議はない。ふつうは「あんなことをしなければよかった」と後悔したり、「このまま自分はダメになっていくんじゃないか」と悲観的になったり、あるいは「早く釈放されたい」と苛立ったり。とてもじゃないけど、笑える気分になれないだろう。

ところが、松陰は笑う。獄中生活を楽しんでさえいる。この手紙の後の部分では「江戸獄毎日」と題して「五ツ《いつ》時《どき》、飯《めし》・味噌汁《みそしる》・飲湯《いんとう》を給《きゅう》す」といった日常を綴り、牢屋の役人たちが親切であることにも触れている。さらに「蓋《けだ》し久《ひさ》しく獄《ごく》に居《お》れば自《おのず》から無病《むびょう》になるものと申《もう》し候《そうろう》」という一文もある。長く牢にいれば健康になると言う。終始、明るいのだ。

こういう胆力をもって、ムダに後悔をせずに生きると、どんな環境もそう悪くはないと思えるかもしれない。いまの世の中は住みにくいといっても、松陰の時代に比べればずいぶんと良くなっている。不平・不満を言う前に、「自分の置かれたこの場を愛する」気持ちでいることも大切だ。

二〇 「できない」のは「やらない」だけ

「できない」のは「やらない」だけである。何事も、まず「これをやる」と決めてビジョンを描き、できる・できないは考えずに、とにかくやってみることだ。それでできないことは何もない。

何事《なにごと》もならぬといふ《う》はなきものを
ならぬといふ《う》はなさぬなりけり

（嘉永四年八月十七日「父叔父《ちちおじ》宛書簡《あてしょかん》」）

【解説】

『Think Simple　アップルを生みだす熱狂的哲学』という本がある。スティーブ・ジョブズとともに働いたケン・シーガルという人が書いたもので、「アップルの成功の原動力は熱狂的なまでのシンプルさへの執着だ」と解き明かしている。そのなかで印象的だったのは、「すべてにおいて、常にシンプルであれ。あれこれ迷っている暇があったら、とにかくゴールに向かって突き進んでみろ」ということ。松陰と同じように、「最初は不可能に思えるゴールでも、やってみればできる」としている。

ここで大事なのは、まず「これをやるんだ」というビジョンを示し、逡巡《しゅんじゅん》している暇を与えないことである。「やってみる前にできないと言うな！」と追い込まれると、やる気のスイッチがオンになるところがある。

何かの課題を前に「できないよ」と弱気になったときは、ぜひ松陰のこの言葉を思い出していただきたい。あるいは、上杉鷹山《ようざん》のあの有名な言葉でもいい。

「為せば成る　為さねば成らぬ何事も　成らぬは人の為さぬなりけり」

これをつぶやくと、自然と気分が盛り上がる。

二一「現場主義」でいく

何か事が起きたら、すぐさま現場に駆けつけなさい。そして、そこでできる限りのことをやりなさい。現場に行かなければ見えないこと、わからないこと、できないことがたくさんある。とにかく現場に行かなければ、何も事は成せないよ。

事起《ことおこ》れば事有《ことあ》る所《ところ》へ行《い》き、事《こと》を成《な》すより外《ほか》はなし。

（安政五年八月頃「久坂玄瑞宛書簡《くさかげんずいあてしょかん》」）

【解説】

これは、いまの言葉で言うなら「現場主義」のようなものである。行政でも企業活動でも、事が起きれば、まず「現場を知る」ことが重要だ。

たとえば災害など、一大事が起きたときに、行政のトップが休暇でゴルフをしていたら、「この非常時に何をやってるんだ」と言われる。また企業でも、社長室にふんぞり返って現場に行きもしなければ、現場の声を聞こうともせずにただ威張り散らしているような経営者は、いずれ経営を傾かせる。現場を知らないために、的確かつ迅速な対応ができないからだ。

松陰は端坐《たんざ》している肖像画の印象が強いが、そのイメージとは裏腹に、本当によく動き回った人である。獄につながれて自分は動けなくとも、弟子の同志をどんどん現場に飛ばして情報収集に余念がなかった。そういう「超現場主義」が徹底していたので、行動力のある集団を育てることができたのだ。長州藩の志士たちが明治維新の原動力になったのも、この現場主義の賜物、という見方ができる。

何事につけ、問題は常に現場で起きている。問題をキャッチしたら、すぐに現場に飛んで行って、行動を起こすことを心がけたい。

二二　思いきりよく判断・決断する

進むときは一気に進む。退くときはスパッと退く。物事の流れを読み、機を見て、俊敏に動くことが大切だ。迷っている間にも物事は進むのだから、ベストなタイミングを瞬時に捉え、思いきりよく判断・決断しなければいけない。

其《そ》の進《すす》むこと鋭《するど》き者《もの》は、其《そ》の退《しりぞ》くこと速《すみや》かなりと。已《や》むべきに於《おい》て却《かえ》って已《や》めず、薄《うす》くする所《ところ》に於《おい》て却《かえっ》つて厚《あつ》くする者《もの》、一旦《いったん》の奮激《ふんげき》にてすることにして、真《しん》に誠《まこと》より発《はっ》し終始衰《しゅうしおとろえ》へざる者《もの》に非《あら》ず。故《ゆえ》に其《そ》の進鋭《しんえい》の時《とき》に方《あた》りては、已《や》めざる者《もの》も厚《あつ》き者《もの》も或《あるい》は及《およ》ばざることあり。而《しこう》して其《そ》の退《しりぞ》くの速《すみや》かなる、時去《ときさ》り勢変《いきおいへん》じ、索然跡《さくぜんあと》なきに至《いた》る。

（安政三年五月二十九日「講孟余話」）

【解説】

サッカーやバスケットボールのゲームを見ていると、「攻めるときにはガンガン攻め、守るときには徹底して守る」というふうに、攻守のメリハリのあるチームでないと勝てないことがよくわかる。

ゲーム全体の流れを見て、「いまだ、攻めろ！」「ここは守れ！」と指示を出す力のある監督かどうかで、チームの成熟度が格段に違ってくるのだ。

仕事にしても、「そこは薄くていいよ」というところを厚くしようと必死になったり、「ここはがんばりどころ」というところで集中力を切らしたり、逆、逆をいってしまうことが多々ある。ゴールから逆算して、仕事の流れのなかでどこにエネルギーをかけるかを判断することが非常に重要なのだ。

さらに言えば、引き際も大切。「もうダメだ」と思ったら、さっと撤退する。これができないと、うまくいく見込みのない事業に、未練たらしくお金をどんどん注ぎ込んでしまうことになる。そうして会社が傾く例は少なくない。

進むも退くもやめるも、「機を見るに敏」であることがポイント。思いきりよく判断・決断すれば、物事をうまく運ぶことができる。

二三　チャンスを見逃すな

事業を成し遂げるのは難しい。しかし、「いまがそのとき」というチャンスをみすみす見逃して何もせずにいたために、事業を成し遂げられない場合が実に多い。それは、チャンスを捉えられなかった自分自身の責任である。

成《な》し難《がた》きものは事《こと》なり、失《うしな》ひ易《やす》きものは機《き》なり。機《き》来《きた》り事《こと》開《ひら》きて成《な》す能《あたわ》はず、坐《ざ》して之《こ》れを失《うしな》ふものは人《ひと》の罪《つみ》なり。

（安政五年三月下旬「中谷賓卿《なかたにひんきょう》を送《おく》る序《じょ》」）

【解説】

たとえば、仕事のオファーがきたとき、たいていはちょっと考える。自分にできるだろうか、時間的に間に合うだろうか、報酬は妥当だろうか、周りに評価してもらえるだろうか……いろんな視点から検討するものだ。

しかし、そんなふうにあれこれ考える人を見たら、松陰はきっと「なぜ、このタイミングで動かないんだ！」と苛立つに違いない。ましてや、さんざん悩んだあげくに断ったとしたら、なおさらだろう。松陰はかなりせっかちなので、何であれオファーがきたら、チャンスと捉えてすぐに引き受け、動き出す。

私自身も実は〝松陰タイプ〟というか、何かオファーがきたらできる限り、「来た球を打つ」感覚で引き受けるようにしている。なぜなら、オファーというのは自分の経験値を上げるチャンスであり、一度断るとその仕事をやるチャンスは二度とないと思うからだ。

松陰の時代、あるいは昭和と比べると、いまの日本では、あまりがっつかないタイプの人が増えている。チャンスはどこに転がっているかわからないので、「オファーはすべて引き受ける」くらいの勢いでいることも、チャンスを見逃さない一つの方法だろう。

二四　自分が思った通りに行動せよ

周りがどんな考え・意見を持っていようと、かまわない。自分が思った通りに行動しなさい。他人は他人、自分は自分なのだから。

汝《なんじ》は汝《なんじ》たり、我《わ》れは我《わ》れたり。人《ひと》こそ如何《いかん》とも謂《い》へ。

（安政二年六月二十七日「講孟余話」）

【解説】

「世の人は　我れを何とも言はば言へ　我が成す事は　我れのみぞ知る」――これは坂本龍馬が十代のときに詠んだとされる有名な歌。松陰の言葉に通じるものがある。

また、福澤諭吉は『学問のすゝ《す》め』のなかで「一身独立して一国独立す」と言っていて、独立心を持つことを奨励している。松陰と同じく、「人がどう考えようと、自分はこう考える」というものがなくてはいけない、ということだ。

最近は「空気が読めない」のが悪いことのように言われがち。しかし、みんなが空気を読みすぎると、自分の意見を言わない・言えない人が増えてしまう。それで、物事が妙な方向に一気に流れてしまう場合だってある。そうやって大勢に流される人ばかりになると、時代が進歩を止めてしまわないとも限らない。

大事なのは、一人ひとりが自分の考えをしっかり持ち、発言し、そのうえで周囲と協調性をもって議論していくこと。「コメント力」を意識してほしい。意見を求められたときに「とくにありません」とか「だいたいいいんじゃないですか」という答えではダメ。自分なりの視点を持って、責任を持ってコメントすることが求められる。自分の考えを表明するのに、あんまり怯《おび》えなくていいのである。

二五　たとえ「常識外れ」と言われても

自分はすでに常識外れだ。一つの道にまっしぐらに進むことしか頭にない。それを、孔子や孟子の道徳的な教えを引いて責められても、言うべき言葉は見つからない。

如何如何《いかんいかん》、僕已《ぼくすで》に狂人《きょうじん》、孔孟流儀《こうもうりゅうぎ》の忠孝仁義《ちゅうこうじんぎ》を以《もっ》て一々《いちいち》責《せ》められては一句《いっく》も之《こ》れなし。

（安政六年三月十六日以後「入江《いりえ》杉蔵《すぎぞう》宛《あて》書簡《しょかん》」）

【解説】

世に成功者と呼ばれる人のなかには、百人いたら百人が「やめたほうがいい」と言っても、自分の信じる道を突っ走ってきた人が少なくない。世間の常識ではとても「是《ぜ》（yes）」とは思えないところに、その人だけが「是」を見出し、結果的に不可能を可能に変えてしまう。

大きな成功というのは、そのくらい常識はずれの発想と、ゴールに向けてひたすら突き進む情熱がないと、なかなか成しえるものではないのかもしれない。過剰なほどの情熱が人を動かし、世の中を動かす、ということだ。

こういう人には常識も正論も道徳も通用しない。よく自分の意見に対して正論で返されて、黙るしかなくなるようなことがあるが、気分としてはそれに似たものがある。松陰はもちろん、孔子や孟子を敬愛しているが、「そんなことを言われても困る」と言い、行動を思い留まることはない。そこが常人とは違うところだろう。

大谷翔平選手の二刀流も一途な思いに貫かれている。私たちもここぞのときは、「周囲にたとえ『常識外れ』と言われても、自分はやる！」と突き進むことがあっていい。少なくとも、事が動き出すはずだ。信じて突き進むことだ。

二六 「一心不乱」に憂いなし

何事も一心不乱になりさえすれば、捕まろうが、牢屋に入れられようが、斬首《ざんしゅ》になろうが、どんな災難に遭っても、いっこうに気にならなくなる。自分の本当にやりたいこと・やるべきことしか頭になく、親不孝だの、不義理だの、無礼だの、道理にもとるなどと騒ぐ周囲の雑音に煩わされることもない。

人《ひと》は一心不乱《いっしんふらん》になりさへ《え》すれば何事《なにごと》へ臨《のぞ》み候《そうらい》てもちっとも頓着《とんじゃく》はなく、縄《なわ》目《め》も人屋《ひとや》も首《くび》の座《ざ》も平気《へいき》になれ候《そうろう》から、世《よ》の中《なか》に如何《いか》に難題《なんだい》苦《く》患《かん》の候《そうらい》ても、それに退転《たいてん》して不忠不孝《ふちゆうふこうぶ》無礼《れいむ》無道《どうなど》等《っ》仕《かまつ》る気《き》遣《づかい》ひはない。

（安政六年四月十三日「妹《いもうと》千《ち》代《よ》宛《あて》書簡《しょかん》」）

【解説】

この手紙は、妹の千代が「観音様を信仰すれば災難を逃れられる。ぜひ信仰するように」と、御饌米《ごせんまい》（仏に供える洗米）を送ってきたことへの返礼として書かれたものである。千代の心づかいに感謝しながらも、松陰は「観音様を信仰することは、一心不乱になることだよ」と諭したのだった。

「魔がさす」という言葉があるが、これは心に隙があると邪悪な気持ちがふと湧いてくることのたとえ。逆に、一心不乱に物事に取り組んでいれば、魔物のようなものも寄りつかない、ということだ。

たとえば、司法試験を目指す友人が「いろいろやることがあって、勉強に身が入らない」と悩んでいたとき、私はこんなふうにアドバイスしたことがある。

「つき合いとか雑用とか、勉強に関係ないことをゼロにして、すべての時間を試験対策に使ってみたら？　信じられないくらい時間が取れるよ」

果たして、勉強時間を確保した彼は、司法試験をパスした。周囲の雑音に煩わされず、一心不乱に勉強した結果だろう。何か達成したいことがあるとき、「一心不乱」と記した紙を壁に貼っておくのもいい。勉強に向かう心が定まるはずだ。

一七　幸不幸を超越する

後世に残る大きなことを成そうという気概があれば、たとえいまどんなに不幸な状況にあったとしても、それを不幸とは感じないものだ。不朽《ふきゅう》の志を持つことで、幸不幸を超越した心の安らぎが得られるのである。

極々《ごくごく》不幸《ふこう》にても一不朽人《いちふきゅうじん》となるべし。

（安政六年七月中旬「高杉晋作宛書簡《たかすぎしんさくあてしょかん》」）

【解説】

この手紙で松陰は「自分の信じる道を歩くことが生死だけでなく幸不幸をも超越する」と綴っている。

たしかに、自分は後世に残る大きなことをやろうとしていると実感できれば、たとえいまの自分の状況が不幸であっても、「だから、何?」という感じだろう。事を成すことしか眼中にないわけで、個人的な幸不幸などちっぽけなこと。気にかける余地もない。むしろ幸不幸を考えすぎなくて済む分、心安らかでいられる。

現代社会は「自分の生活を豊かに、快適にする」方向に、思いきり針が振れてしまった。何をするにも、まず自分の幸福を考える、というふうに。でも、それで心が落ち着くかというと、実は逆。自分の幸せを阻害する不幸を数え上げ、幸福を求めながらも手に入れられない不幸を憂えることになるからだ。

そうならないためにも、自分のやっていることをもっと大きな視点で捉え、「不朽の人になる」という気概を持つといい。生死も幸不幸も超越する〝松陰DNA〟は強烈ではあるが、いまの時代はいかに志で突き抜けようとも、まさか斬首ということにはならない。ちょっと取り入れてみることをおすすめする。

二八　問題の根本原因に立ち返る

何か問題が生じたときに一番まずいのは、どうしてそんなことになったのか、原因が突き止められないことだ。それでは対応策の立てようもなく、無策に陥るだけである。

しかし、原因さえしっかり突き止められれば、何を成すべきかがわかる。的確な対応策を打つことができるのだ。

天下《てんか》の大患《たいかん》は、其《そ》の大患《たいかん》たる所以《ゆえん》を知《し》らざるに在《あ》り。苟《いやしく》も大患《たいかん》の大患《たいかん》たる所以《ゆえん》を知《し》らば、寧《いずく》んぞ之《こ》れが計《けい》を為《な》さざるを得《え》んや。

（安政五年正月六日「狂夫《きょうふ》の言《げん》」）

【解説】

「日本が外国に征服されるかもしれない、そんな国家の大事にあって、右往左往しているようではダメだ。そうなった原因をわかってないんじゃないか、日本は、日本国民は」

そんな松陰の公憤《こうふん》が伝わってくる一文だ。

いまの世に置き換えれば、「日本は破産寸前だというのに、原因を突き止めないと、対処のしようがないじゃないか」といったところか。

たとえば、経済不況に陥った原因がデフレにあるとわかれば、デフレ対策を講じればよい。少子高齢化だとわかれば、とにかく子どもを増やす計画を練ればよい。つまり、原因がわかって初めて、起きてしまった問題に対峙《たいじ》する覚悟が決まる、ということである。

これは、国の大事に限った話ではない。仕事でも家庭でも、何か問題が生じたときに「大変だ、大変だ」と、問題そのものに振り回されていてもしょうがない。根本原因に立ち返って、冷静に対応することが求められる。

二九　約束は守ることに意味がある

赤穂義士《あこうぎし》の志を引き継ごうと、東北に出発する日を彼らが志を遂げた十二月十五日に定めた。これは同志の宮部《みやべ》、安芸《あき》と約束したこと。その日までに過書（関所通過の許可書）の交付を受けられなかったが、約束を違《たが》えるつもりはない。だから、脱藩亡命をした。

十二月十五日《じゅうにがつじゅうごにち》は赤穂義士《あこうぎし》志《こころざし》を遂《と》げし日《ひ》なり。吾《わ》れ宮部《みやべ》・安芸《あき》二子《にし》と東行《とうこう》発軔《はつじん》を約《やく》するに、是《これ》の日《ひ》を以《もっ》てすること已《すで》に久《ひさ》し。（中略）吾《わ》れは則《すなわ》ち自《みずか》ら誓《ちかい》ひし所《ところ》を行《おこな》ふ。君親《くんしん》に負《そむ》くを顧《かえり》みざるには非《あら》ず、丈夫《じょうふ》の一諾《いちだく》苟《いやしく》もすべからざればなり。夫《そ》れ大丈夫《だいじょうふ》は誠《まこと》に一諾《いちだく》を惜《お》しむ、区々《くく》の身《み》は惜《お》しむに足《た》らず。

（嘉永四年十二月十二日「兄杉梅太郎宛書簡」）

【解説】

松陰が東北に行ったのは、ロシアや中国などの脅威に対抗するための防衛をどうするかを視察することが目的だ。ちゃんと手続きを踏んでいれば何の問題もなかったのに、「約束の出発日」を守るためだけに脱藩亡命までしたのだから恐れ入る。その日に決めたのだって、単に「赤穂義士の討ち入りの日だから」という理由。過書の交付を待って、出発日をずらせば済む話だ。

当時、脱藩は大きな罪。決行すれば捕まるのは火を見るより明らかだ。現実に捕まったわけだが、松陰は意に介さない。約束を守ることのほうを優先する、そんな松陰の愚直さにはちょっとあきれるし、微笑ましくも感じるところだ。

近年、ケータイが登場してからというもの、私たちの約束に対する意識が低下してきているように思う。「ケータイに連絡すればOK」とばかりに、軽い用事ですぐにドタキャンするケースも増えている。

松陰ほど愚直にはなれないにしても、約束の意味を再考したいところ。「一度、自分がその日にやると約束したことは、よほどのことがない限りその日にやる」くらいの気持ちが必要だ。約束は守ることに意味があるのだから。

三〇　恥を知らないことを恥とする

立派な人間は人として踏むべき道をはずすことを恥じる。自分に才能のないことを恥じる。内面の充実が大事だと心得ているからだ。一方、大したことのない人間は地位・名声・名誉を欲しがり、それが得られないことを恥に思う。外面を飾ることばかり気にするからだ。

そもそも武士というものは、恥を知らないほど恥ずかしいことはない。何を恥とするかを、よく考えなさい。

君子《くんし》は徳義《とくぎ》なきを恥《はじ》ぢ、小人《しょうじん》は名誉《めいよ》なきを恥《は》づ《ず》。君子《くんし》は才能《さいのう》なきを恥《はじ》ぢ、
小人《しょうじん》は官禄《かんろく》なきを恥《は》づ《ず》。（中略）抑〻《そもそも》恥《はじ》の一字《いちじ》は本邦武士《ほんぽうぶし》の常言《じょうげん》にして、
恥《はじ》を知《し》らざる程恥《ほどはじ》なるはなし。

（安政三年五月十四日「講孟余話」）

【解説】

何をもって恥とするか。その価値観がブレてはいないか。松陰はそう問いかけているように思える。

「名のある大学を出て、名のある企業に勤めていないと、恥なのか」

「年齢なりの役職についていないことは、恥なのか」

「粗衣粗食の暮らしをしていることは、恥なのか」

「一等地のいい家に住めないことは、恥なのか」

そういったことはすべて外面的なことで、周囲に自分を良く見せたい気持ちから起こるもの。その人間の価値を決めるものではないのだから、恥ではない。

それよりももっと気にかけなくてはいけないのは、「人として、誰にも恥じることのない行いをしているか。中身が磨かれているか」ということ。そこがしっかりしていないのに、外面ばかり繕《つくろ》っても、真に立派な人間とは言えないのだ。

いま一度、「何をもって恥とするか」を見つめ直し、周囲の目ばかり気にして見栄や外聞にとらわれていないかをチェックするといい。人として、恥を知らないことほど恥ずかしいことはないのだから。

三一　権力におもねるな

今日、私（義卿《ぎけい》）は権力の悪だくみにはめられるようにして、死ぬことになった。しかし、私は自らに恥じることは何もしていない。すべて、天はお見通し。自らの死を惜しみはしないし、死をもって志を示そうと思う。君たちも権力に苦しめられることがあるかもしれないが、自分に恥じるところがないのであれば、それを悔い改める必要はまったくないのだよ。

今日義卿《きょうぎけい》奸権《かんけん》の為《た》めに死《し》す、天地神明照鑑上《てんちしんめいしょうかんじょう》にあり、何惜《なんぞお》しむことかあらん。

（安政六年十月二十六日「留魂録」）

【解説】

権力者の顔色をうかがいながら行動してしまうことは多々ある。しかし、権力であれ、世間の目であれ、気にするに値しない。そう松陰は言いきる。

では、何を行動の拠りどころとするべきか。それは天である。

天は鑑《かがみ》のように、清らかなものは清らかに、汚いものは汚く、世の中のすべてをありのままに映し出す。その天が見ていてくれるという意識を持って、天の鑑に映し出されても恥ずかしくない行動をすればいいのだ。周囲が自分のことをどう見ようが、どう評価しようが、関係ない。天に映し出される自らに恥じるところがない、ということが大事なのである。

西郷隆盛の座右の銘に「敬天愛人《けいてんあいじん》」という言葉がある。常に天と対話しながら、自分を整えていたという。松陰の言葉とあわせて、「周りの人間ではなく、天を相手にしよう」というふうに考えていただければいいだろう。

周囲の評価ばかり気にしてビビりながら生きていると、何も成すことができないのである。

三一　天が、神が見ていてくれる

周りの人たちが自分のことを何と言おうとかまわない。好きなだけ、言いたいことを言ってもらってけっこう。私の心は神だけが知っていてくださるのだから、それで十分だ。

世《よ》の人《ひと》はよしあし事《こと》もいはばい《わ》へ《え》賤《しず》が心《こころ》は神《かみ》ぞ知《し》るらん

（安政元年四月十九日「白井《しらい》小《こ》助《すけ》宛《あて》書簡《しょかん》」）

【解説】

近年はフェイスブックやLINEなど、SNSが花盛り。たくさんの人たちとつながって、あるいは仲間をつくって、活発なコミュニケーションが行われている。

それはまあヨシとして、ときに自分のちょっとした一言によって思わぬバッシングを受けたり、仲間はずれにされたりする。SNSが、直接的なコミュニケーションではありえなかったような新たな悩みを生む温床となっている部分もある。

そのために、SNSに集まるみんなが互いに「こんなことを言ったら、フォロワーや仲間はどう思うだろう」と気にしすぎる嫌いがある。それが自分の心の世界を狭めることに、心の拠りどころを失うことにつながっているように思える。

そういう時代に、松陰のこの言葉は効く。「誰に理解されなくてもいい。自分の心は神様が知っている」と思うことで、気持ちがちょっと落ち着くだろう。あるいは、夜の九時、十時になったらケータイを離れ、古典・名著を読みながら著者と対話するのもいい。SNSで疲れた心の充電ができる。

神様とか大作家のような〝雲上の存在〟を自分の良き理解者と捉えれば、周囲の雑音に心を煩わされることも少なくなるのではないだろうか。

三三　自然のままに任せる

あんまり怒ってばかりいたら、とうとう腹も立たなくなった。もう腹を立てるのはやめにした。それでもまた腹を立てるかもしれないが、そのときはそれも自然のなりゆきと思って、許してくれ。

余《あま》り怒《いか》りよるととう〳〵《とう》腹《はら》もなんにも立《た》たぬ様《よう》になる。吾《わ》れは腹《はら》はもう立《た》てぬ。併《しか》し又《また》立てたら夫《それ》も自然《しぜん》と恕《ゆる》して呉《く》れ。

（安政六年四月二十二日頃「入江杉蔵宛書簡」）

【解説】

感情の高ぶりは、吐き出してしまわないとなかなかおさまらない。たとえば、怒りがこみ上げてきたときにぐっと飲み込むと、心にいつまでも怒りがくすぶったままだ。また、悲しいときに涙をこらえると、いつまでも気持ちが晴れない。

感情をあらわにするのはあまり好ましいことではないけれど、内にこめたからといって平常心を保てるものでもない。負の感情はとくに、いっそすべてを吐き出してしまったほうが、むしろ心の健康にはいい。気が済むまで怒る、涙が涸《か》れるまで泣く、というのも心を落ち着ける一つの方法である。

さて、この手紙は松陰が「何事も自然のままに任せよう」という心境に達したことを伝えたものだ。次のくだりに「死《し》を求《もと》めもせず、死《し》を辞《じ》しもせず、獄《ごく》に在《あ》つては獄《ごく》で出来《でき》る事《こと》をする、獄《ごく》を出《で》ては出《で》て出来《でき》る事《こと》をする。時《とき》は云《いわ》はず、勢《せい》は云《いわ》はず、出来《でき》る事《こと》をして行《い》き当《あた》つれば、又獄《またごく》になりと首《くび》の座《ざ》になりと行《い》く所《ところ》に行《い》く」とある。「できることはすべてやった」からこそ得られた心の落ち着きだと察せられる。題して「自然説」。心が騒ぐときは松陰のこの言葉を思い出し、「自分はベストを尽くしたか」と問うてみるといい。

吉田松陰をめぐる人々② 高杉晋作

高杉晋作は天保《てんぽう》十（一八三九）年、長州藩士・高杉小忠太《こちゅうた》、みちの長男として生まれた。高杉家は戦国時代の毛利元就《もとなり》から代々毛利家に仕えてきた名門である。八歳のときに寺子屋・吉松塾に入り、久坂玄瑞と出会う。その後、藩校の明倫館に学んでいたが、安政四（一八五七）年に久坂の誘いで松下村塾に入塾。松陰の下で一心不乱に学んだ後、藩命で江戸遊学に出た。奇しくもこの時期、松陰は江戸小伝馬町の牢に投獄されており、手紙のやり取りを含む師弟の〝蜜月時代〟を過ごした。

そんな高杉は松陰の死に、悲しみと幕府への怒りを募らせ、「先生の仇は必ずとる」とどんどん行動が過激になっていく。特筆すべきは、身分を問わない画期的な軍隊、奇兵隊を結成したこと。これが長州の討幕戦を勝利に導き、大政奉還への道を開く原動力となった。

その日を見ることなく、享年二十七歳で胸の病のためにこの世を去ったが、松陰の教えを実行した高杉は見事なまでに松陰の志を引き継いだのだった。

3章　覚悟を決める

三四　やると決めたら、できるまでやる

いったん「やる」と決めたことは、できるまでやめてはいけない。一ヵ月でできなければ二ヵ月、二ヵ月でできなければ百日、いつまでたってもできなければできるまで、決して途中であきらめないように。

一月《ひとつき》にして能《よ》くせずんば、則《すなわ》ち両月《りょうげつ》にして之《こ》れを為《な》さん。両月《りょうげつ》にして能《よ》くせずんば、則《すなわ》ち百日《ひゃくにち》にして之《こ》れを為《な》さん。之《こ》れを為《な》して成《な》らずんば輟《や》めざるなり。

（安政四年閏《うるう》五月三日「諸生《しょせい》に示《しめ》す」）

【解説】

「すぐやる、必ずやる、出来るまでやる」

これは、日本電産の創業者永守重信《ながもりしげのぶ》さんが会社の「三大精神」の一つに掲げている言葉である。表現がおもしろいし、大事なことなので、日本電産の社員ならずとも胆に銘じておきたいところだ。

「これをやり抜くんだ」と強く思うと、覚悟が決まる。「できるまでやる」という前提があるから、何度失敗しても、数々の障害が目の前に立ちはだかっても、それでへこんで挫けることがなくなるのだ。

たとえば、エジソンは白熱電球を発明する際に一万回失敗したが、「失敗ではない。うまくいかない方法を一万通り発見した」と言ったとか。失敗回数の真偽はともかく、「できるまでやる」と決めると、かえって失敗や障害がストレスでなくなるとわかるエピソードである。

もっとも「人には必ずしも無限の可能性があるわけではない」と私は思うので、根本的に自分には才能がない、向いていない分野に関しては「やらない」と判断することも大事だ。自分にとって可能性が開けていそうな分野に的を定めることをおすすめする。

三五　脇目もふらず全力で突っ走る

何をするにも、私は全力で事に当たる。周りに恨まれたり、嫌われたりすることなど気にも留めず、重罪になることも恐れず、金品の誘惑にも負けず、脇目もふらずに突っ走る。過激な人間と思われてもしょうがない。兄さんが心から忠告してくれたことに耳を貸さなかったのも、そんな気質ゆえのことだった。

人《ひと》に対《たい》し事《こと》を論《ろん》ずるにも、国《くに》の為《た》めに計《けい》を画《かく》するにも、余力《よりよく》を残《のこ》さず、嫌《けん》諱《き》を避《さ》けず、斧鉞《ふえつ》後《のち》に恐《おそ》るる所《ところ》なく、富貴《ふうき》前《まえ》に誘《さそう》ふ所《ところ》なし。故《ゆえ》に其《そ》の筆鋒《ひっぽう》口気《こうき》、見《み》るもの聞《き》くもの狂暴《きょうぼう》とせざるはなきも理《ことわり》にて、阿《あ》兄《けい》の厚意《こうい》に負《そむ》くも亦《また》是《こ》れが為《た》めなり。

（安政二年「回顧録」）

【解説】

たとえば「アメリカ人を打ち払ってやる！」と思うと、死を覚悟で向かっていく。でも「争っても打つ手なし」と思うと、生きて外国の知識を吸収しようと密航まで企てる。松陰はそのときどきの状況で両極端のことを思いきりやる。

おもしろいのは、自分が周囲に過激な人間だと思われることを自覚しているところ。日記のこのくだりには、自身のそんな気質のために兄に大変な思いをさせて申し訳ないという心情が綴られている。実際、松陰のような人がいると、周りは振り回されて大変だ。しかし、こういう一途で熱い人がいるから、壁を突き破って前に進む力が生まれる、とも言える。

いまは松陰タイプの人が減ってきた。大半の人が周囲の目に配慮しつつバランスをとって事を進めようと心がけている。言い換えれば「全力でやっちゃダメだ。余力を残さなければ」という考えだ。だから、事が進まない。私が思うに、〝百パーセント松陰〟だとかなり生きにくいので、各自が自身の内に〝五〜十パーセント松陰〟を持つといいのではないだろうか。あるいは人口の五パーセントくらいが松陰であってもいい。どんな世にも松陰のようなスパイシーな存在は必要だろう。

三六　粘り強く一歩ずつ

志への道のりは遠い。私のように「人が十歩、百歩歩いている間に、やっと一歩を踏み出す」愚鈍な人間が、三年、五年で成し遂げられるものではない。

でも、千里の道も一歩から。死ぬまで、粘り強く一歩ずつ進んでいくまでだ。『論語』の「死《し》して後《のち》已《や》む」、すなわち死ぬまで努力し続けるという言葉を胸にしつつ。

況《ま》して愚鈍《ぐどん》ものは人《ひと》の十歩百歩《じゆつぽひやつぽ》の間《あいだ》に漸《ようや》く一歩《いつぽ》を移《うつ》し候《そうろう》位《くらい》の事《こと》にては、三年五年《さんねんごねん》には間《ま》に合《あ》ひ申《もう》す間敷《まじ》く候《そうろう》。夫《そ》れ故《ゆえ》死《し》して後《のち》已《や》むを以《もつ》て自《みずか》ら戒《いまし》め候事《そうろうこと》に御座候《ござそうろう》。

（嘉永四年八月十七日「兄杉梅太郎宛書簡」）

【解説】

実際のところ、松陰は〝愚鈍もの〟ではない。幼いころから秀才で、十一歳にして長州の殿様・毛利敬親に『武教全書』を講義したくらいだ。むしろ俊才である。

でも、考えてみれば、大きな志を持っている人というのは、口を揃えて「自分はまだまだだ」と言う。体操の内村航平さんは、世界選手権五連覇を成し遂げた直後に「まだまだです」と言っていた。どんな分野でも一流になればなるほど、「自分なんかまだまだだ」と言う。彼らは謙遜しているわけではなく、自らの求めるところが遠く、高いために、本気でそう思っている。人との比較で「愚鈍」ではなく、志に向かう遠い道のりを見据えて「まだまだ先が長い」と思うのだろう。

そんな長い道のりを前にして挫けるのでは有志とは言えない。「一歩、一歩行く」と心に決めるのが有志なのだ。『水戸黄門』の主題歌の二番の歌詞にある、「♪あとから来たのに　追い越され　泣くのがいやなら　さあ歩け」、あの精神が必要だ。

器用・不器用で言うと、松陰は決して器用なほうではない。生き方は不器用なほうだろう。だからこそ松陰には粘り強さがある、とも言える。とくに不器用な人にとって、松陰のこの言葉は励みになるのではないだろうか。

三七　神頼みをしない

いま不幸でも、ガマンしていれば先に幸福なこともあろう。それに、周りには不幸に見えることが、本人にとっては必ずしも不幸ではないことだってある。自分が幸せと感じれば幸せなのであって、観音様に「幸せになれますように」と頼むなど、無益なことである。

禍《か》福《ふく》は縄《なわ》の如《ごと》しといふ《う》事《こと》を御《お》さとりがよろしく候《そうろう》。禍《か》は福《ふく》の種《たね》、福《ふく》は禍《か》の種《たね》に候《そうろう》。人間万事《じんかんばんじ》塞翁《さいおう》が馬《うま》に御座候《ござそうろう》。（中略）所《しょ》せん、一生《いっしょう》の間《あいだ》難儀《なんぎ》さへ《え》すれば先《さき》の福《ふく》があるなり。何《なん》の効《こう》げんもない事《こと》に、観音《かんのん》へ頼《たの》んで福《ふく》を求《もと》める様《よう》の事《こと》は必《かなら》ず必《かなら》ず無益《むえき》に存《ぞん》じ候《そうろう》。

（安政六年四月十三日「妹千代宛書簡」）

【解説】

「観音様を信仰すれば、災難を逃れることができる」と書いてよこした妹の千代に、松陰はにべもない。（中略）としたくだりでは、「自分は獄につながれて死ぬ運命で、それ自体は禍のようなものだが、学問ができたし、自分のためにも人のためにもなることをやり、後世に名を残すことができたようにも思う。これ以上の幸せはないだろう」というようなことを書いている。

「禍福《かふく》はあざなえる縄の如し」「人間万事塞翁が馬《じんかんばんじさいおううま》」といった言葉はいまもよく使われ、私たちは「人生はそういうものだよね」と実感もしている。しかし、悲運続きの松陰が妹に噛んで含めるように言った言葉だと思うと、なおさらありがたみが増す。改めて、「幸せも不幸もそう長続きしないし、自分の捉え方ひとつで幸が不幸にもなり、不幸が幸にもなる」ことを心に刻みたい。

うまくいかないことがあると、何かと神頼みしたくなる気持ちはわかるが、それで事が好転すると信じ込むのはほどほどにしたい。福澤諭吉も『福翁自伝《ふくおうじでん》』で「卜筮呪詛《うらないまじない》いっさい不信仰で、狐狸《きつねたぬき》が付くというようなことは初めから馬鹿にして少しも信じない」と言っていることも付け加えておこう。

三八　自分で限界を決めない

できるか、できないかは、やってみなければわからない。事を前にして自分の能力の有無を問うても意味がないのだ。考えるべきは、やるか、やらないか。自分で自分の限界を決めずに、とにかくやらなければ何事も成せないものと心得よ。

能《あたわ》はざるに非《あら》ざるなり、為《な》さざるなり。

（安政二年六月二十七日「講孟劄記」）

【解説】

『論語』のなかに「今女《いまなんじ》は画《かぎ》れり」という言葉がある。

これは、弟子が「先生のおっしゃることはとてもすばらしく、実践したいのですが、なかなか私ごとき者にはできません」と言ったのに対して、孔子がピシャリと返したものだ。噛み砕いて言えば、

「本当にやる気のある人間は、できると信じて行動し、途中で倒れてしまうものだよ。お前はまだ倒れていないばかりか、何もやっていないじゃないか。自分で自分の限界を決めて、やらない・できないことの言い訳をしているだけだ」

ということである。

この話から思い出すのは、小学生の子どもたちと『坊っちゃん』の全文音読をやったときのことだ。子どもたちは十ページでもう疲れ、「できっこない」と弱音を吐いた。それでも「やってもいないのにできないと言ってもしょうがないでしょ。絶対にできるんだよ」と奮起を促したところ、六時間で二百ページを音読破できた。

「何事もつべこべ言わず、とにかくやってみろ」

それが松陰のメッセージである。

三九　交渉事はビビったら負け

大砲の一発も撃たないうちに、外国と和議を結ぼうとするとは情けない。幕府の腰抜け武士どものだらしなさときたら、北方から侵入してきた金《きん》に都を譲渡し、果ては蒙古《もうこ》に滅ぼされた宋《そう》にも劣る。嘆かわしいことだ。

幕府《ばくふ》の腰抜武士《こしぬけぶし》が頻《しき》りに和議《わぎ》を唱へ候事《となえそうろうこと》、誠《まこと》に一砲丸《いちほうがん》をも発《はっ》せざる前《まえ》にかかる事申出《こともうしいず》るは彼《か》の弱宋《じゃくそう》の小人原《しょうじんばら》にも劣《おと》りたる見識《けんしき》、実以《まこともっ》て口語《こうご》に絶《ぜっ》したる業《わざ》に御座候《ござそうろう》。

（嘉永六年九月五日「阪本鼎斎宛書簡《さかもとていさいあてしょかん》」）

【解説】

日本人の外交下手はこのころにすでに現れている。どうも気質的に、大きな交渉事でビビって、すぐに「どうぞ、どうぞ」と相手に譲ってしまうところがあるようだ。いまの日本だって、ＯＤＡ（政府開発援助）などでさんざんお金を出しながら、感謝もされなければ、国連で十分な発言権も持てないでいる。

松陰が情けないと嘆いたこのときも、ろくすっぽ交渉もしないままに日米和親条約を結んでしまい、その不平等を回復するのに明治時代をかけて苦労することになった。それを見越してか、松陰は「もっとタフ・ネゴシエーターにならなければいけない」と言っているのだ。

交渉というのは、たとえば「この条件を呑めないなら、こちらはこうする」とか、「そちらの条件を呑むかわりに、これを認めてくれ」といった具合に、ベストなオルタナティブを用意し、オプションをつけながら進めていくものだ。最初からビビっているようでは、相手の言いなりになるだけである。

「交渉事はビビったほうの負け」と心得、相手の勢いに負けて安易な約束をしないよう強気でいかなくてはいけない。

四〇　失敗は志の挫折ではない

私は『留魂録《りゅうこんろく》』というこの遺書を、何の目的もなく書いたわけではない。同志のみんなに志を通じたいがためだ。私が戦いに敗れたことを、「なぜそうなってしまったのか」と厳しく問い詰めてくれ。私の失敗は志の挫折を意味するものではない。この失敗があればこそ、天下の大事を成し遂げることができるのだ。頼んだぞ、頼んだぞ。

右数条《みぎすうじょう》、余《よ》徒《いたず》らに書《しょ》するに非《あら》ず。天下《てんか》の事《こと》を成《な》すは天下《てんか》有志《ゆうし》の士《し》と志《こころざし》を通《つう》ずるに非《あら》ざれば得《え》ず。（中略）今日《こんにち》の事《こと》、同志《どうし》の諸士《しょし》、戦敗《せんぱい》の余《よ》、傷残《しょうざん》の同士《どうし》を問訊《もんじん》する如《ごと》くすべし。一敗《いっぱい》乃《すなわ》ち挫折《ざせつ》する、豈《あ》に勇士《ゆうし》の事《こと》ならんや。切《せつ》に嘱《しょく》す、切《せつ》に嘱《しょく》す。

（安政六年十月二十六日「留魂録」）

【解説】

いまは失敗に対して「怯える」傾向がある。一度失敗したら、それまでやってきたことのすべてが水泡に帰すようなイメージがあるのだろう、頭のなかに「失敗＝挫折」の回路をつくってしまっているのだ。

そういう失敗と挫折を結びつける回路を絶て、というのが松陰のメッセージである。この回路を絶たない限り、必要以上に失敗を恐れて、何をするにもおよび腰。リスクを取って行動することができなくなる。

思えば、松陰の人生は失敗に次ぐ失敗だった。「やむにやまれぬ大和魂」に衝き動かされ、「どうぞ、捕まえてください」と言わんばかりの行動に走る。成功ではなく失敗によって日本を変えようとした、とすら思えるほどだ。そんな松陰の心の底流には「同志と志を通じなければ事を成せない」という思いがあったのだ。

たとえば、ソニーにしろ、ホンダ、松下など、いまの大企業にだって、起業当初は中核に二人ないし数人のメンバーがいて、その志に共鳴する人たちが雪だるま式に増えて成長してきた。そこには「志の連鎖」があったように思う。

有志は失敗を重ねても挫折しない。だから、事を成すまで進んでいけるのだ。

四一　追々おもしろくなる

国が危機的状況にあるとはいえ、社会は動き出している。追々おもしろくなっていくから、決してここで挫けてはならない。

天下《てんか》の事《こと》追々《おいおい》面白《おもしろ》く成《な》るなり。挫《ざ》するなかれ、折《くじ》くるなかれ。

（安政六年八月十三日「久保《くぼ》清太郎《せいたろう》・久坂《くさか》玄瑞《げんずい》宛《あて》書簡《しょかん》」）

【解説】

現実を冷静かつ客観的に見ることは重要だ。将来を展望するときは、悲観的に考え、それに備えるくらいがちょうどいいだろう。いろんな危機を想定し、対応策を練っておくことで、目の前の壁を乗り越えることが可能になる。

しかし、どこかで楽観的な気分でいることもまた大切だ。松陰が「追々おもしろくなる」と言っているような明るさがないと、ガマンがきかない場合がある。

たとえば、テレビ番組を立ち上げて、視聴率が伸び悩むようなとき。「このままではダメだ」と悲観して、修正を加えすぎて迷走してしまうことがある。結果、番組の最初のコンセプトがわからなくなり、短期で空中分解してしまう。

逆に、下手に焦らずに「そのうち視聴率も上昇気流に乗るさ」くらいの気持ちで粘り強くやっていると、案外うまくいくケースもある。

「物事を考えるときは悲観的に、いざやるときは楽観的に」と言ったのはロマン・ロラン。プランは状況を悲観的に見て練り、いったん行動に移したなら楽観的に進めていくのがいい。悲観と楽観のバランスをうまくとることがポイントだ。

四二　失望しても絶望しない

天の助けがなければ、これまでの苦労も水の泡になるかもしれない。でも、後に続く者が出てくるはず。天地がある限り、そう嘆くほどのこともないだろう。失望することは多々あるけれど、私は決して絶望しはしない。

天助《てんじょ》なくば是迄《これまで》の苦心《くしん》は水《みず》の泡《あわ》ともなるべし。吾《わ》が苦心水《くしんみず》の泡《あわ》と成《な》るとも後起《こうき》の士《し》二《に》の手《て》三《さん》の手《て》之《こ》れ有《あ》る可《べ》く候《そうら》へば、天地《てんち》有《あら》ん限《かぎ》りは左《さ》まで嘆《たん》ずべきに非《あら》ず候《そうろう》。

（安政六年八月二十五日「堀江《ほりえ》克之助《よしのすけ》宛書簡《あてしょかん》」）

【解説】

ここも前項と同じく、松陰の明るさが垣間《かいま》見えるところ。失望するなかでも希望を失わず、そのバランスをとることで絶望にまでは至らない。

松陰は〝激情型人間〟なので、意外と失望することは多い。手紙を読むと、門弟たちに対しても、たとえば、

「高杉《たかすぎ》とも先達《せんだつ》て絶交《ぜっこう》、僕《ぼく》の事功《じこう》に念《ねん》なきや久《ひさ》し」（安政六年三月二十九日「小田村伊之助・久保清太郎・久坂玄瑞宛書簡」）

「久坂《くさか》などあれ程《ほど》の無情《むじょう》な男《おとこ》とは実《じつ》に失望《しつぼう》の至《いた》り、吾《わ》が情《じょう》も少《すこ》しは知《し》ってくれてもよかりさうなものに……」（同年四月九日「岡部富太郎《おかべとみたろう》宛書簡」）

といった具合に、「失望しては絶交」みたいなことを繰り返している。それでも、「自分の後に続く者がいる」という希望は失わないのだ。

また、日本の将来に関しても、「日本《にほん》も未《いま》だ滅亡《めつぼう》は致《いた》す間布《まじ》く候《そうろう》」（同年九月六日「堀江克之助宛書簡」）といった記述が随所に見られ、なかなか世の中が変わらないことに失望しつつも、絶望するには至らない。

こういうしぶとさがあると、挫折することはないだろう。見習いたいところだ。

四三　難事を逆手に取る

自分の身に降りかかることなど、大したことはない。「もっと大変な思いをしている人はいる」「もっと大変なことがある」と思えば、どんな難事にも気楽に向かえるはず。それによって自分の器が大きくなり、自分以外の多くの人たちを助けてあげようという気持ちが生まれるのだ。

一己《いっこ》の労《ろう》を軽《かる》んずるに非《あら》ざるよりは、
寧《いずく》んぞ兆民《ちょうみん》の安《やす》きを致《いた》すを得《え》ん。

（安政三年秋「松下村塾聯《しょうかそんじゅくれん》」）

【解説】

自分のことに汲々としていると、世のため人のために役立つ何かを成すことはできないし、自分自身も大変な思いをする。

そこで、ちょっと発想を転換してみよう。

いま自分の身に降りかかっていることを「大した苦労じゃないよね。世の中にはもっと大変な人もいるし、もっと大変なこともある」と考えるのだ。そうすると、かなり気が楽になる。

私自身、次から次へと新しい仕事に挑戦してきたなかで、「新しい仕事を始めると、いままで大変だと思っていた仕事が楽だったなぁ」と思うことが多い。それによって、自分の器が少しずつ大きくなったと実感している。

ストレスもそうだ。新たに大きなストレスが加わると、それまでのストレスがどこかへすっ飛んでしまうものである。

新たな困難やストレスに見舞われることは、実は自らの器を大きくするチャンスなのである。

四四　目を見ればわかる

人の精神は目に表れる。やる気に満ちている人は、その力が目に、ひいては顔つき、体全体にみなぎっている。だから、目を見れば、その人がどれだけ精神的に充実しているかが、たちどころにわかるというものだ。

人《ひと》の精神《せいしん》は目《め》にあり。故《ゆえ》に人《ひと》を観《み》るは目《め》に於《おい》てす。

（安政二年九月三日「講孟余話」）

【解説】

このくだりを読むと、私は少年のころに読んだ漫画『巨人の星』の星飛雄馬《ほしひゅうま》の目を連想する。勝負に挑む飛雄馬の目のなかに、炎がメラメラと燃えている、あの絵を思い出すのだ。

それはさておき、松陰は「目」にフォーカスしているが、ここは「人のやる気は体全体に表れる」というふうに読むといい。目に力があるだけではなく、顔つき・体つき・動作が鋭くたくましい。また、たとえば体が前のめりになる感じとか、表情が豊かである、人の話に敏感に反応する、自分の経験に引きつけてものが言える、といったことを含めて、「積極的な〝心の構え〟ができている人には、それに連動して発現する〝体の構え〟がある」ということだ。これを逆手に取って、〝体の構え〟から入る手もある。私がよく学生に言うのは、「人の話を聞くときは、話している人のほうに胸を向けて胸で聞くように」ということ。たったこれだけで、学生たちの〝心の構え〟が積極的になる。ディスカッションがかなり活性化されるのだ。

この一事からも、精神と体が連動して人の構えをつくることがわかる。精神と体のどちらかからでも、やる気は引き出せる。

四五　百日千日、心を尽くす

精いっぱい心を尽くさなければ、自分の心にどれだけの力があるかわからない。

何か志を立てたなら、「思い立ったが吉日」でその日に、まず目の前の一つのことから始めなさい。次に二つ、三つと続けていくと、それが力になり、技になる。心を尽くすことの積み重ねが、自分の限界を広げるのである。

其《そ》の心《こころ》を尽《つく》すとは、心一杯《こころいっぱい》の事《こと》を行《おこな》ひ尽《つく》すことなり。（中略）今人《いまひと》未《いま》だ嘗《かつ》て心《こころ》を尽《つく》さず。故《ゆえ》に其《そ》の一杯《いっぱい》の所《ところ》を知《し》ること能《あたわ》はず。（中略）一事《いちじ》より二《に》事《じ》、三事《さんじ》より百事千事《ひゃくじせんじ》と、事々《じじ》類《るい》を推《お》して是《こ》れを行《おこな》ひ、一日《いちにち》より二日《ふつか》、三《みっ》日《か》より百日千日《ひゃくにちせんにち》と、日々《ひび》功《こう》を加《くわ》へて是《こ》れを積《つ》まば、豈《あ》に遂《つい》に心《こころ》を尽《つく》すに至《いた》らざらんや。宜《よろ》しく先《ま》づ一事《いちじ》より一日《いちにち》より始《はじ》むべし。

（安政三年五月十四日「講孟余話」）

【解説】

たとえば「いまの自分の力では、五十キロの物を持ち上げるのが精いっぱい」だとする。でも、五十キロの物を三日ほど持ち上げていると、五十一キロの物を持ち上げられるようになる。さらに三日、五十一キロの物を持ち上げていると、五十二キロの物が持ち上げられるようになる。これをどんどん続けていくと、百キロの物を持ち上げることも不可能ではなくなる。

こんなふうに、自分の限界に挑戦するトレーニングを積み重ねると、ときどき停滞期はあるにしても、着実に進歩の階段を上っていけるものだ。

こういった「トレーニング効果」は、肉体的な力だけではなく、心あるいは精神力にも当てはまる。松陰が説くように、「志というのは、心をいっぱい、いっぱい尽くすことの繰り返しで成就されるもの」。志を立てても挫折してしまうとしたら、それは心の尽くし方が足りないからだ。

目の前の一つのことに全身全霊を傾けることから始め、次々とこれを繰り返せば、二つ、三つ、百、千の成果が積み上げられる。精いっぱい心を尽くしてやり遂げられないことは何もない。そう信じて前に進んでほしい。

四六　ストレスを心の張りに変える

多くの仕事をこなしながらも、それを楽しめる人には、ストレスがほとんどない。ストレスフルな状況がむしろ心の張りをつくっているからだ。反対に、量的にも質的にも大して仕事をしていない人のほうが、鬱々とした気分を抱えているものだ。

聖人《せいじん》の胸中《きようちゆう》は常《つね》に多事《たじ》にして楽《たの》しむ。愚人《ぐじん》の胸中《きようちゆう》は常《つね》に無事《ぶじ》にして楽《たの》しまず。

（安政三年六月四日「講孟余話」）

【解説】

一般的には、「仕事がたくさんあって忙しい人は、大きなストレスを抱えている」とされる。たしかに、その種のストレス過多は心身を疲弊させる原因の一つだ。

しかし一方で、周囲が「あの人、大丈夫？」と心配するくらいたくさんの仕事をしていても、当人はちっとも苦しくなく、生き生きと楽しんでいる場合も少なくない。そういう人は「多事《たじ》」が心の張りになっているのだと思う。

逆に、仕事がなくて暇だとか、プレッシャーの少ない仕事をしているのに、ストレスを溜め込んで気分が鬱になる場合だってある。要するに、ストレスというのは必ずしも仕事の量に比例しない、ということだ。

その意味で有効なのは、仕事の中心に「慣れ」を置くことだ。最初は難しく大変な仕事でも、慣れれば楽になるもの。そこを利用して、一つの仕事に慣れて楽になったところで、新しい仕事をして、また慣れていく。それにも慣れたら、次の新しい仕事……というふうにやっていくといい。自然と、「多くの仕事ができるようになって、しかも疲れない」という状況をつくることができる。仕事と心のバランスを自分でコントロールできれば、ストレスは自然と軽減されるだろう。

四七　失敗を笑いに変える

「君たちの計画はまた失敗したんだな」と言われて、私は笑いながらこう言った。「失敗すればするほど、志はますます堅くなるんだよ。ここで挫けるようじゃ志も大したものじゃないと、天が僕らを試そうと与えた試練なのだから、失敗したってどうしてへこたれるもんか」と。笑顔の私とは対照的に、渋木《しぶき》君の顔には怒りが満ちていたけれど。

永鳥《ながとり》依然《いぜん》として在《あ》り、曰《いわ》く、「二君《にくん》の計《けい》又《また》違《たがう》ふか」。余《よ》咲《わら》って曰《いわ》く、「計《けい》愈《いよ》愈《いよ》違《たがい》ひて志《こころざし》愈々《いよいよ》堅《かた》し。天《てん》の我《わ》れを試《ためし》むる、我《わ》れ亦《また》何《なに》をか憂《うれえ》へん」と。渋《しぶ》生《き》怒《ど》憤《ふん》面《つら》に満《み》つ。

（安政二年「回顧録」）

【解説】

外国人が横浜に上陸したと聞きつけた松陰は、同志の渋生（渋木松太郎＝金子《かねこ》重之《しげの》輔《すけ》）とともに港に突っ走る。外国人に何とか会って「投夷《とうい》書（海外への渡航を願う手紙）」を渡すためだ。ところが、着いたときはすでに外国船が去った後。ならばと、夜中に小舟を漕ぎ出し、外国船に直接横付けすることを計画したが、いざ出発と海辺に行くと、昼間見つけておいた小舟は消えていた。そこへもってきて、群がってきた付近の犬に吠えられて、まさに泣きっ面に蜂。そんな嘆かわしい状況のなかで松陰は言う。「泥棒がこんなに難しい仕事とは思わなかった」と。

自らの失敗をこんなふうに笑えるのがまた、松陰のおもしろいところ。「失敗すればするほど志が堅くなる」と笑って言える右のくだりとあわせて、松陰という人間の明るさがうかがえる。同志の渋木が「俺たちはなんてついてないんだ」と不機嫌になるのと対照的で、松陰の明るさがいっそう際立つようだ。

人間とは不思議なもので、どんなに苦しい状況にあっても、笑うと元気が出るものだ。だから、追い詰められたとき、松陰よろしくちょっと自分を笑ってみるのもいい。ふと心がゆるみ、失敗に対して鷹揚に構えられるだろう。

四八　悲運を笑い飛ばす

自分は外国を打ち払おうと努力してきたのに、捕らえられて幽閉された。それで、自由に外を歩く外国人から、自分たちのほうが見られている始末。何とも滑稽じゃあないか。

いま、萩の野山獄で生涯を終えようとしているが、この一年を振り返れば感極まって、悲しみを通り越して、大笑い。筆を投げて大声を出した。

吾《わ》れ等《ら》已《すで》に獄《ごく》に下《くだ》りて夷人《いじん》益〻《ますます》徘徊《はいかい》す、甚《はなは》だしき者《もの》は日々《ひび》獄前《ごくぜん》に来《きた》りて、愕然《がくぜん》是《こ》れを見《み》るに至《いた》る。(中略)十月二十四日《じゅうがつにじゅうよっか》萩《はぎ》に帰《かえ》り、野山獄《のやまごく》に下《くだ》る、将《まさ》に以《もっ》て身《み》を没《ぼっ》せんとす。往事《おうじ》を回顧《かいこ》すれば、感極《かんきわ》まりて悲《かなしみ》生《しょう》じ、悲極《かなしみきわ》まりて大咲呵々《たいしょうかか》、筆《ふで》を投《とう》じて霹靂《へきれき》の声《こえ》をなす。

(安政二年「回顧録」)

【解説】

この前段に、松陰が獄にあって、囚人たちに自らの志を説き聞かせる話がある。「囚人は愚か者と言われるが、どうしてどうして、人間としての心はちゃんと持っている。私の志を涙を流して悲しんでくれた」という感動的な場面である。

ここに続く部分で松陰は、「外国人を打ち払おうとした自分が、どういうわけか、自由に外を歩く彼らから見られる立場になってしまった」ことを嘆いている。もっとも、この言い方からは「ここまでくるともはや大笑いしたくなる」というような松陰の心情が感じられ、頬がゆるんでしまうところでもある。

それにしても、この野山獄で死をも覚悟しながら、過ぎ去った一年を回顧して「大《たい》咲呵々《しょうかか》」とはいかにも松陰らしい。「悲しくて、やがておかしき」といったところか。松陰は「青天の霹靂《へきれき》」とも言うべき悲運に遭いながらも、必死にがんばってきた自分自身とその悲しい結末を笑い飛ばすのである。

前項とも通じるが、笑いは心を清々しくさせるもの。ときに過去を振り返り、さんざん苦労してきた自分を笑ってみるのも、今後を生きる一服の清涼剤になりうるのではないだろうか。

吉田松陰をめぐる人々 ③ 久坂玄瑞《くさかげんずい》

久坂玄瑞は高杉晋作より一歳年少。天保十一年に萩藩医・久坂良迪《りょうてき》の三男として誕生した。家業である医学を学ぶために藩校医学所好生館に入学。さらに藩校・明倫館に学んだ。その後、九州に三カ月の遊学に出た十七歳のときに、松陰の名を聞きおよぶ。そこから松陰との手紙のやり取りを経て、十八歳で松下村塾に入塾。松陰の薫陶《くんとう》を受けることになった。

「防長第一流の人物である」

松陰は久坂を高く評価し、高杉と競わせるようにして、彼らの才能を伸ばしてやるよう努めたという。妹・文を久坂の嫁にと勧めたのも松陰だった。

松陰の死後、久坂はその志を継いで、尊王攘夷の先鋒として活躍。しかし、池田屋事件を契機に藩内で沸騰した京都進発の論議に背中を押されるように京都に進発して戦い（禁門《きんもん》の変または蛤御門《はまぐりごもん》の変）、負傷して自刃。二十五年の短い生涯だった。

4章　心を磨く

四九　「発憤《はっぷん》」が学びの原動力

「これを学びたい」と発憤する心の状態があってこそ、学びは実のあるものになる。その発憤が「この先生に学びたい」という師を求める気持ちを生み、先生のほうもそれに応えようと真摯に教える。そういった弟子と師の〝発憤交流〟があって初めて、学びはより深く、広くなっていくのである。

学者《がくしゃ》師《し》を求《もと》むるを以《もっ》て云《いわ》はんに、師《し》を求《もと》めざるの前《まえ》に先《ま》づ実心《じっしん》定《さだ》まり実事《じつじ》立《た》ちて、然《しか》る後往《のちゆ》きて師《し》を求《もと》むべし。凡《およ》そ学《がく》を為《な》すの要《かなめ》、皆《みな》爰《ここ》にあり。思《おも》ふ《う》ことありて未《いま》だ達《たっ》せず、為《な》すことありて未《いま》だ成《な》らず。是《ここ》に於《おい》て憤悱《ふんぴ》して学《がく》に志《こころざ》し、而《しこう》して師《し》を求《もと》む。是《こ》れ実事《じつじ》ありと云《い》ふ《う》べし。

（安政三年五月二十六日「講孟余話」）

【解説】

大学で教えていると、すでに発憤した状態で講義を受けにきている学生と、そうでない学生と、簡単に見分けられる。

発憤している学生は、先生の教育効果が最も濃い前のほうの席に座り、話を聞き逃すまいと一心にノートを取りながら、うなずくときにはうなずき、笑うところでは笑う。学びの姿勢が整っているのだ。

残念ながら、いまの教育は受ける側の発憤が足りない。「学校に行けばあてがいぶちの先生がいて、手取り足取り教えてくれる」のが当たり前という風潮だ。

かの孔子が「発憤していない者には教えることができない」と言っているように、先生だって生徒が発憤していなければ、やる気がそがれる。発憤していれば、その学びたい情熱に呼応せずにはいられない。

私自身、「早稲田にも受かりましたが、先生の授業を受けたくて明治に入学しました」という学生がいると、〝本気度〟がより強まることを経験している。

発憤を原動力に、自ら師を求めて「心で学ぶ」。学ぶ側の人間は、そういう姿勢を身につけたい。

五〇 「恥」の一字が人を奮い立たせる

人が話題にしたり、「これを知っているか」「これができるか」などと問われたりしたことを自分が知らない・できないようなとき、それを恥ずかしく思う気持ちがなければいけない。
「無知・無教養な自分」を恥じる気持ちがあればこそ、もっと勉学に励もう、もっと見聞を広めようという向上心が生まれる。孟子が言っているように、「恥」の一字は自らを奮い立たせるうえで非常に重要なのである。

恥《はじ》の一字《いちじ》を以《もっ》て人《ひと》を激励《げきれい》す。恥《はじ》の一字《いちじ》孟子《もうし》喫緊《きっきん》の語《ご》、故《ゆえ》に云《い》はく《わ》、「人以《ひともっ》て恥《はじ》なかるべからず」、又云《またい》はく《わ》、「恥《はじ》の人《ひと》に於《お》けるや大《だい》なり」と。

（安政二年八月二十九日「講孟余話」）

【解説】

一九八〇年代後半くらいからだろうか。自分に知性や教養がないことを恥ずかしいとする空気が薄れてきた。

たとえば「この本、読んだ?」「この絵、知ってる?」「このクラシック音楽、聴いたことがある?」などと問われたとき、「読んでない」「知らない」「聴いたことがない」としても、「だから、何?」という感じである。

信じられないくらい知識・教養がなくても、それを恥ずかしいとさえ思わない人が多数派となるのではないか、と思うくらいだ。

その昔は多くの人々が恥を一つのモチベーションに、言い換えれば人に無知・無教養だと思われるのは恥ずかしいと考え、必死になって自身の知性・教養を磨いたものだ。それによって、社会全体の知的レベルを上げていた。

そう考えると、最近はとかく見た目は気にするが、内面が充実していないことを恥じることは少ない。自分自身を磨くうえでは、「恥」の一字が発憤のきっかけになる。「〇〇を知らないようでは恥ずかしい」「〇〇ができないようでは恥ずかしい」と思うことが大事である。

五一　いつかではなく、いま学べ

仮に「人生百年」だとしても、それは本当に短い時間だ。歳月は、白い馬が走り過ぎるのを壁のすきまからちらっと見るように速く過ぎる（「荘子」）。それなのにどうして、「自分はまだまだ若い」と言って、学ぶことを先延ばしにするのか。「いつか、いつか」と思っていると、瞬く間に時が過ぎ、結局は学ぶ時期を逸してしまう。いま、学ぶべきである。

今世《こんせい》学問《がくもん》をする者《もの》己《おの》れの年少《ねんしょう》を恃《たの》み、何事《なにごと》も他日他年《たじつたねん》と推延《おしの》ぶる者《もの》あり。殊《わけ》て知《し》らず、人生一世間《じんせいいっせいかん》、白駒《はくく》の隙《げき》を過《す》ぐるが如《ごと》し、仮令《たとい》百年《ひゃくねん》の命《いのち》を全《まった》くすとも、誠《まこと》に暫時《ざんじ》の間《あいだ》なり。

（安政三年五月十四日「講孟余話」）

【解説】

「若いときにもっと学んでおけばよかったなぁ」と後悔する人は多い。「勉強なんて、いつでもできる」とか、「年をとって自由な時間が増えてから勉強すればいい」といった考えでいると、そういうことになる。学ぶ気力が老年期にあるとは限らない。まさに「少年老《しようねんお》い易《やす》く、学成《がくな》り難《がた》し」である。

兼好法師も「何かをやるときに、今日は方角が悪いとか、運が悪いとか言っていてはいけない。いますぐ始めろ」というようなことを言っている。また『徒然草《つれづれぐさ》』には、「字がヘタクソでも、恥に思わずにどんどん手紙を書きなさい」「芸能を習得したいのなら、まだ上手ではないからと人前で演じないのは良くない。下手でも上手な人にまじって人前で演じたほうがうまくなる」といったくだりもある。何事も、やるなら「いま」がそのときだということである。

試験勉強を思い出してほしい。期限が決められている分、そう先延ばしにもできず、「いま、やるしかない!」となって、猛烈に勉強したのではないか。あのときの気持ちになって、いま何歳であろうと、「いつまでも若くはない。もう時間がない」と心得たい。人間、いつまで生があるかわからない。勉強できるのは「いま」しかないのである。

五二　二十代こそ勉強のしどき

十歳前後から四十歳くらいまでの約三十年は、学問に励むべきである。とりわけ二十代から三十代前半にかけては勉強のしどき。ここでがんばらなければ、その後の人生に見込みはない、と言っていいくらいだ。

大凡十歳《おおよそじゅっさい》前後《ぜんご》より四十歳比迄《よんじゅっさいころまで》、三十余年中《さんじゅうよねんちゅう》学問《がくもん》を勤《つと》む。而《しこう》して其《そ》の最《もっと》も自《みずか》ら励《はげ》むことは中十年《なかじゅうねん》にあるなり。

（安政三年八月以降「武教全書講録《ぶきょうぜんしょこうろく》」）

【解説】

「二十代に遮二無二勉強しておくと、それが良い習慣となって、三十代はもっとがんばれる。そして四十代になると、勉強の成果が形になって現れる」

これは、私の持論である。勉強は言ってみれば〝クセのもの〟。頭がクリアで、体力・気力も余り返っている二十代のうちに、がむしゃらに勉強するクセをつけておくと、その後の人生を〝勉強軌道〟に乗せやすいだろう。

ただ、現代の若者は合格で安心してしまうのか、大学に入ったとたんにむしろ勉強しなくなる傾向がある。授業には出るが、本を自ら大量に読むことが少ない。会社に入ったら入ったで、仕事に追われてますます勉強と縁遠くなってしまう。日本の社会人の勉強時間はなんと平均13分（令和3年社会生活基本調査）で国際的に見て低い。

ここは「二十代こそ勉強のしどき。いまやらなくてはいけない。週に一冊の本も読まないようでは、もはや先の見込みはない」と考えていただきたい。

仕事をするにしても、先輩のワザをどんどん盗んで、メモやノートに記録して、誰よりも早く仕事を覚える。それもまた勉強のうち。そうやって仕事の技術を上げていけば、やがて信用を得て、大きな仕事を任されるようになるはずだ。

五三　一日生き長らえば、一日分成長する

謹慎の身であっても、一日死なずにいられるなら一日分、十年なら十年分、自分の知識・能力を伸ばし、気力を蓄えることもできる。人間はどこにいても、生きた分だけ成長するのだ。

未《いま》だ死《し》せざること一日《いちにち》ならば則《すなわ》ち一日《いちにち》の才識《さいしき》を長《ちょう》じ、一日《いちにち》の気胆《きたん》を張《は》る。
未《いま》だ死《し》せざること十年《じゅうねん》ならば則《すなわ》ち十年《じゅうねん》の才識《さいしき》を長《ちょう》じ、十年《じゅうねん》の気胆《きたん》を張《は》る。

（嘉永五年九月四日「斎藤新太郎宛書簡《さいとうしんたろうあてしょかん》」）

【解説】

松陰は脱藩して東北遊学に出たために、自宅謹慎の処分を受ける。その間、どこにも出かけられず、人に会うこともかなわない。この手紙はそんなときに認《したた》められたものだが、松陰の気力は萎えるどころか増す一方だ。

ここから思い出すのは、ネルソン・マンデラ大統領だ。彼は南アフリカのアパルトヘイトに反対して投獄され、二十七年間におよぶ獄中生活を強いられた。その間の支えとなったのが、ウィリアム・アーネスト・ヘンリーの「インビクタス―負けざる者たち―」という詩だった。「私が我が運命の支配者　私が我が魂の指揮官なのだ」という最後のフレーズが印象的なこの詩を、何度も暗誦したという。そうやって気力を蓄えたからこそ、マンデラ氏は釈放後に南アフリカで初めて民主的に選ばれた大統領となり、ノーベル平和賞を受賞する偉業を成し遂げられた。

私たちは自分の力が伸び悩んでいたり、うまくいかないことが続いたりすると、つい気持ちが落ち込んでしまいがち。他者のせいにして世をはかなむこともあるだろう。そんなとき、自らに言い聞かせてほしい。「生きている限り、力は伸びるんだ。どんな状況にあっても、気力を養うことをやめてはいけない」と。「気胆」を張ろう！

五四　頭より心を動かす

何かを見たら、何かを感じて心が動き出す。それが志のある人間である。逆に、何を見ても心が動かない、あるいは頭で理解した気になって満足するだけのようなら、志のある人間とはとても言えない。

有志《ゆうし》の士《し》は、観《み》る所《ところ》あれば則《すなわ》ち必《かなら》ず感《かん》ずる所《ところ》あり。

（嘉永四年六月十一日「題《だい》を賜《たまい》ひて『人《ひと》の富山《ふじさん》に登《のぼ》るを送《おく》る序《じょ》』を探《さぐ》り得《え》て謹《つつし》んで撰《せん》す」）

【解説】

「テレビでも本でも、あるいは日常生活の場面場面でも、どこかで何かを見聞きしたら、必ずそこから何かを思い出しなさい。そして、その思い出したことを引用して使いなさい」

これは、私が常々学生たちに言っていることである。

たとえば、ソチ五輪で浅田真央選手がショートで失敗し、翌日のフリーで完璧な演技をしたとき、直後の授業で学生たちにこう質問してみた。

「今回の浅田真央さんの快挙、感動的でしたね。それを『復元力』とか『復活力』と名づけてみましょう。心理学用語で言えばレジリエンスですね。で、君たちはそこから自分の人生のどんなことを思い出す？　一つずつ言ってみてください」

このときさっと何かを思い出せる人は、「心が動く人」である。頭でっかちではなく、「感じる力」があって、情熱的に行動する志のある人と言っていい。

逆に、「そんなこと突然言われても、何も思い浮かばない」というような人は、「心が動かない」人。「ボーッと生きているんですね」と言われてもしょうがないところである。

五五 「飛耳長目《ひじちょうもく》」で情報を手に入れよ

情報を広く集めなければ、判断を間違える。「井の中の蛙《かわず》」と謗《そし》られることにもなる。まずは遠い地まで要所要所に人を飛ばすこと。それが今日の急務である。

飛耳長目《ひじちょうもく》は今日《こんにち》の急務《きゅうむ》に御座候《ござそうろう》所《ところ》、只今要路《ただいまようろ》の歴々《れきれき》のごとく人材《じんざい》御嫌《おきらい》ひ成《な》され、天下《てんか》の士《し》へ一向御交遊御座《いっこうごこうゆうござ》なく候《そうらい》ては井蛙《せいあ》の謗免《そしりまぬ》かれ難《がた》く候《そうろう》。

（安政五年正月九日「清水図書宛書簡《しみずずしょあてしょかん》」）

【解説】

嘉永《かえい》三年八月の九州遊学から、同七年三月の下田踏海までの約三年半、松陰は全国津々浦々を歩き回った。自分の足で得た情報でなければ、正しい判断ができないからだ。その重要性について、叔父玉木文之進宛の手紙にこのように書いている。

「武田信玄は各地から情報を集めることに尽力し、片田舎の甲斐に居ながらにして、天下の形勢を熟知していた。いまの日本の敵はアメリカ、ロシア、イギリスである。『彼を知り己を知る』ことこそ急務であろう」（安政二年正月十日頃）

このころ松陰はすでに「獄中の人」だったが、「牢に居ながらにして天下の情勢を知る」べく、書籍や書簡、来訪者を通じて必死に情報を集めた。加えて重視したのが「飛耳長目」、耳を飛ばして目を長くして情報を集めることだ。弟子たちに「散れ！」と号令をかけ、各地の情報を取ってこさせた。また松下村塾には、訪れる者が「飛耳長目」で得た情報を書き込む帳面が置かれていたという。

現代は情報がたくさんあるようでいて、それが足でかき集めたものかどうかは疑わしいところ。「本当に耳を飛ばしているか、目を長くしているか」を問うてほしい。「情報は自分から取りに行く」という積極性がモノを言うのである。

五六　必要なのは実力よりやる気

志があれば、若輩であっても臆することはない。あえて過酷な環境のなかに飛び込み、実力を磨いていけばいい。そこで挫けてしまうようでは、何事も始まらない。

まず必要なのは、実力よりもやる気。昔の英雄を見てもわかるように、環境・状況が厳しければ厳しいほど、そこは大業を成すにふさわしい舞台となるのだ。

年少《ねんしょう》才富《さいと》み何事《なにごと》にても御志《おこころざし》さへ《え》あれば、成《な》らずと申《もう》す事《こと》は之《こ》れある間敷《まじ》く候《そうろう》。若《も》し是《こ》れ式《しき》の事《こと》に御鋭気《ごえいき》挫《くじ》け候様《そうろうよう》にては、大業《たいぎょう》の創始《そうし》は迚《とて》も出来《でき》申《もう》さず候《そうろう》。（中略）万一《まんいちえいき》英気挫《くじ》け候様《そうろうよう》の事《こと》ども御座候《ございそうろう》も、古《いにしえ》の英雄《えいゆう》御覧《ごらん》成《な》さるべく候《そうろう》。険阻《けんそ》艱難《かんなん》程《ほど》大業《たいぎょう》を成《な》すに宜《よろ》しきもの之《こ》れなき様《よう》存《ぞん》じ奉《たてまつ》り候《そうろう》。

（嘉永三年九月二十九日「郡司《ぐんじ》覚之進《かくのしん》宛書簡《あてしょかん》」）

【解説】

矢沢永吉さんの『成りあがり―矢沢永吉激論集』を読むと、松陰のこの言葉がよくわかる。矢沢さんは「自分は成りあがって、ビッグになってやる」という思いがまず先にあって、活動するなかで自身の音楽の才能を磨き続けた人だ。才能があって世に出たというより、若者らしい〝とんがった意識〟でぐいぐいスターダムをのし上がっていった感じだ。とくに若者なら、順番としてはこれがいいと思う。

言ってみれば、ＯＪＴ（On-the-Job Training）。私の知り合いにも、「英語でビジネスをすることになって、英語圏の国に飛び込む。次は中国語が必要になって、とにかく中国に行ってみる」というスタイルで、ビジネスに使える英語・中国語を習得した弁護士さんがいる。彼は語学を「勉強してから行こう」ではなく、「行って仕事をしながら勉強しよう」と考えた。そうやってしゃべらなくては何も始まらない状況に自分を追い込んで、語学の力を磨き、ビジネスを広げているのだ。

松陰が言うように、「何が何でもやってやる」という志・やる気があれば、挫けずにがんばれる、ということだ。何かを始めるときに自分に実力があるかないかを問う前に、その世界に飛び込む。それができるのも若さの特権だろう。

五七　どんなに忙しくても本は読める

寸暇を惜しみ、あらゆる〝隙間時間〟を利用して、とにかく本を読め。そこまで励めば、必ず読書の効果は上がる。

凡《およ》そ読書《どくしよ》の功《こう》は昼夜《ちゆうや》を舎《す》てず、寸陰《すんいん》を惜《お》しみて是《こ》れを励《はげ》むに非《あら》ざれば、其《そ》の功《こう》を見《み》ることなし。

（安政三年五月二十六日「講孟余話」）

【解説】

あまり本を読まない人は口を揃えて、「もう忙しくて、本を読むためのまとまった時間が取れない」というようなことを言う。

まさに言い訳だ。それが証拠に、パソコンやスマホでのSNSに割くだけの膨大な時間があるではないか。

二宮金次郎の像を見よ。薪を背負って、歩きながら本を読んでいる。また、明治から昭和初期に活躍した農学者の本多静六《せいろく》博士は若い頃、目の前に本を吊るしておいて、読書しながら米をついたという。

私も、トイレでも風呂でも、食事をしながら、テレビを見ながらでも、本を読んでいる。学生のころは通学の電車のなかで立って、辞書を引き引きメルロ＝ポンティの本を読んでいたくらいだ。たまたま乗り合わせた友人に爆笑されたが。

だから、「本を読む時間がない」ということは断じてない。「寸暇を惜しんで読む」気持ちさえあれば、いつでもどこでも本は読める。たとえば電車のなかで、喫茶店で、スマホをいじるかわりに、すっと本を取り出して読んでみよう。そのほうが数段、知的で充実感がある。

五八　古典をいまに生かす

古今東西の偉人とされる人たちは、決して雲の上の人ではない。古典を学ぶときは、彼ら偉人たちを「同じ土俵で語り合う仲間」と思いなさい。そういう読み方をすれば、古典はいまに生かせるものになり、自分自身もより高みに上っていける。

余《よ》常《つね》に謂《おも》ふ、古人今人《こじんこんじん》異《こと》なることとなし。（中略）俗人《ぞくじん》の癖《くせ》として、古人《こじん》と云《い》へば神《かみ》か鬼《おに》か天人《てんにん》かにて、今人《こんじん》とは天壌《てんじょう》の隔絶《かくぜつ》をなせる如《ごと》き者《もの》と思《おも》ふ。是《こ》れ自暴自棄《じぼうじき》の極《きわみ》にて、

（安政三年六月十三日「講孟余話」）

【解説】

私は古典を読むとき、ゲーテでもニーチェ、プラトン、孔子でも、世の中に神様のように祭り上げられている偉人たちを、自分と近しい人のように感じている。

そして本を通して彼ら偉人たちと語り合いながら、「自分もこういう人たちになれる」と思って、そこから得たものをいまにどう生かせるかを考えるようにしている。これはまさに〝松陰流読書術〟だ。

松陰は常に古典を古典としては読まず、いまの時代にどう適応できるかを考え、使い勝手がいい知識に変えている。

たとえば『講孟余話』を読むと、松陰がむやみに孟子を自分には手の届かない偉人に祭り上げてはいないことがわかる。

古典に限らず、優れた才能を前にしたとき、「自分にはとてもムリだ」と思い込んだら、そこでおしまい。何もできなくなってしまう。

そんな心理的バリアを取っ払い、「同じ人間なんだから、自分にもできるはずだ」と思って、自分の知識や技を磨く。それが「業を成した偉人・一流人から学ぶ」ということである。

五九　科学的思考を身につける

一を聞いて百を知れ。過去のことから未来を予測しろ。学んだことをそのまま理解するだけではなく、そこから想像力を働かせて物事の深奥《しんおう》にあるものや未来を推測する。そういう科学的思考がなければ、真に学んだとは言えない。

物固《ものもと》より一《いち》を以《もっ》て百《ひゃく》を知《し》るべく往《おう》を以《もっ》て来《らい》を知《し》るべきものあり。

（安政二年「獄舎問答《ごくしゃもんどう》」）

【解説】

『論語』に「一隅《いちぐう》を挙《あ》げて、三隅《さんぐう》を以《もっ》て反《かえ》せずんば、則《すなわ》ち復《ふく》せず」という言葉がある。孔子は案外厳しい先生で、「一部を示してやって、そこから全体をつかもうとしない者には二度と教えない」と言うのだ。

これは、机にたとえるなら、四隅の一つだけを見て、机の全体像を想像すること。「一を聞いて十を知る」といった『論語』由来の慣用句にも通じる考え方だ。

松陰はそれに加えて、「過去を分析すれば未来は推測できる」という考え方を示している。

もちろん、未来に何が起こるかなど、誰にもわからない。推測したところで、必ずしもその推測が当たるとは限らない。それでも場当たり的に行動するよりは数段、成果が上がるはずだ。

これはいわば科学的思考である。現代ビジネスにおいても、たとえば過去のデータから売り上げアップのための施策を打つなど、この科学的思考が求められる場面は多い。その根本となる想像力を養いたい。

六〇　基礎をじっくり学ぶ

あれもこれも学びたいからと、手当たりしだいに本を取っては中途半端に読んで、次、次と手を広げてもしょうがない。まずは知識の根っこになる本を定めて、じっくり読んで基礎力を養わねば、何も身につかないのである。知識も使えなければダメだ。帯にも手拭いにもふんどしにもできない、というのではしょうがない。

根本《こんぽん》とする処《ところ》を定《さだ》めねば相成《あいな》らず、あれもやりかけ、これもかじりくさしにして頓《とん》と首張《くびは》りくさし、帯《おび》には短《みじか》し手拭《てぬぐい》には長《なが》し、糞《ふん》どしにするは惜《お》し、仕様《しよう》のなき代物《しろもの》と相成《あいな》るべし。

（安政二年正月某日「兄杉梅太郎宛書簡」）

【解説】

本を読むにしろ、仕事をするにしろ、あれもこれもと欲張って、結局はすべてが中途半端に終わることはよくある。たとえば、一冊の本を途中まで読んで「難しいから次」「おもしろくないから次」と読みかけの本ばかりが増えて、知識が何も身につかないといったことだ。「耳が痛い」と思う人も多いだろう。もっとも、これに続く文章で「正月早々《しょうがつそうそう》から多忙多忙《たぼうたぼう》、外史《がいし》も読《よ》まねばならず、詩《し》も作《つく》りたし、信玄全集《しんげんぜんしゅう》も借《か》つたし、遺言《ゆいごん》も覆読《ふくどく》し懸《か》けた。入蜀記《にゅうしょくき》一読《いちどく》甚《はなは》だ面白《おもしろ》し、今一読《いまいちどく》と思《おも》ひ候《そうろう》。中庸《ちゅうよう》も初《はじ》めの方二《ほうに》三枚読懸《さんまいよみか》けあり……」と、松陰自身があれこれ手をつけたい気持ちを吐露している。「根本とする処を定めねば」というのは自戒を込めた言葉と言えそうだ。

その松陰が根本として重視しているのは、「歴史から学ぶ」ことである。この手紙の前のほうにも、「心《こころ》を励《はげま》し気《き》を養《やしな》うは、遂《つい》に堅豪《けんごう》の事実《じじつ》にしくものなし」とあり、抽象的な議論はあまり好まなかったようだ。それよりも、歴史を振り返り、「どんなときに誰が何をしたか」を知ることで、自分の行動に生かせる何かをつかむことを心がけたわけだ。歴史上の事実には、いまに生きる知恵や行動が豊富に詰まっている。そこにフォーカスするのも、一つの本の読み方である。

六一　一万冊の本を読破せよ

目指すは一万冊！　そのくらい大量の本を読破しなければ、まともな仕事はできないし、一角《ひとかど》の人物にもなれやしない。

万巻《まんがん》の書《しょ》を読《よ》むに非《あら》ざるよりは、寧《いずく》んぞ千秋《せんしゅう》の人《ひと》たるを得《え》ん。

（安政三年秋「松下村塾聯」）

【解説】

ここで「万巻の書」と言っているのは、「たくさんの書物」を意味するが、文字通り「一万冊」と受け取るのもいい。

というのも、「万」というのは、鍛練の一つの目安になるからだ。武道・スポーツで「基礎となる一つの技は、一万回、二万回と稽古することによって身につく」とされているように。

読書においてもそうだ。一冊とか十冊読んだくらいでは、読書の内に入らない。かといって、いきなり一万冊は大変だし、千冊もハードルがかなり高いかもしれない。

そこで、私がおすすめしたいのは、

「目標一万冊！　とりあえず百冊！」

というラインである。それも「最初から最後までじっくり」読まなくてもいい。わかりにくいところや興味の湧かない部分は飛ばしつつピュンピュンと、これはと思う本はじっくりと、とにかく量を読むことがポイントだ。

いまの学びは情報一辺倒で、知識や教養を軽視する傾向があるが、情報だけでは心が磨かれない。本は人格。読書の価値を再認識すべきだと、私は思う。

六二　先人の言葉で心を磨く

本には、偉大な先人たちが何を考え、何を成し遂げたかが、きちんと言葉で記されている。その本をたくさん読み、自分の心を磨く砥石《といし》とする。そうして自らを切磋琢磨し、世の中を良くすることに命を賭して熟慮断行する。それが武士の嗜《たしな》みというものだ。

聖賢《せいけん》の書《しょ》を読《よ》みて切磋《せっさ》琢磨《たくま》する処《ところ》、是《こ》れに出《い》でず。是《こ》れを武士《ぶし》の嗜《たしな》みと云《い》ふ《う》。

（嘉永三年八月二十日「武教全書《ぶきょうぜんしょ》　守城《しゅじょう》」）

【解説】

「切磋琢磨」という言葉には、ライバル同士で知識や技を磨き合い、互いに成長していく、といったイメージがあると思う。

そういう意味では、「松陰は本を著した先人たちをライバルと目していた」とも言える。

問題は、私たちは自分を磨き上げる感じで本を読んでいるか、ということだ。それ以前に、本離れが顕著な現代においては、そもそも本を読んでいるのか、という問題もあるだろう。

だから、いざというときに果断に行動できるだけの人間性がなかなか身につかないという見方もできる。

また、松陰の言う「武士の嗜み」は、世のために力を尽くす心のあり方が武士であるかどうかを問うたものだ。

自分が武士であろうとなかろうと関係ない。これからの時代を担う若者たちは、「あなたはどうやって心を磨いていますか？」と問われたときに、「古今東西の名著を読んでいます」と答えられる人であってほしい。

六三　学びを〝ワザ化〟する

すばらしい書物も、ただ読むだけでは実際の行動に結びつかない。生きた知識として身につかないからだ。「熟す」ことが大事。声に出して読み、その意味を深く考え、行動してみる。そこからまた考え、さらに読む。こうして「読む・考える・行動する」を繰り返すことで、学んだことが熟していく。学びが〝ワザ化〟され、日常的に使えるものになるのだ。

善《ぜん》の善《ぜん》に至《いた》らざるは、熟《じゆく》の一字《いちじ》を闕《か》く故《ゆえ》なり。熟《じゆく》とは口《くち》にて読《よ》み、読《よ》みて熟《じゆく》せざれば心《こころ》にて思《おもい》ひ、思《おもい》ひて熟《じゆく》せざれば行《おこなう》ふ。行《おこの》うて又《またおもい》思ひ、思《おもい》ひて又《また》読《よ》む。誠《まこと》に然《しか》らば善《ぜん》の善《ぜん》たること疑《うたがい》なし。

（安政三年三月二十八日「講孟劄記」）

【解説】

約二百人の一般の就活生を相手に、講演をしたときのこと。社会人になったらコミュニケーション力が求められるので、それをテーマに私はまずこう切り出した。「私がこれから言うことを、いま、この場でやれるようにしてください。微笑む。次はうなずく。次は話している人のほうに体を向ける」

しかし、誰も微笑まないし、誰もうなずかない。私が左右に移動しているのに、誰も体を動かさない。私の話を耳で聞いているだけで、行動がともなわないのだ。「いま、やってください」と言われたことをやるだけ、そんな簡単なこともやろうとしないのは、松陰の言う「熟《じゅく》の一字《いちじ》を闕《か》く故《ゆえ》なり」にほかならない。

書物を読むにしろ、誰かの話を聞くにしろ、一番の目的は「そこで得た学びを日常的に自分の行動に生かせるレベルにまで習熟させる」こと。つまり、学びを〝ワザ化〟できなければ、学ぶ意味がないのである。

何かを学んだら、それをどう自分の行動に生かせるかを考え、まず「やってみよう」と思うことが大切。あとは、その学びが自分のワザとして身につくまで、繰り返し実践するのみ。「熟す」プロセスがあって初めて学びは完成するのである。

六四　学びを「空論」に終わらせない

いくら古典を学んでも、その事例を現実に役立てることができないならば、すべて「空論」である。学んだとは言えない。

古《いにしえ》を執《と》りて今《いま》を論《ろん》じ難《がた》ければ皆空論《みなくうろん》なり。

（安政三年六月七日「講孟劄記」）

【解説】

「古典を学ぶ」とは、大昔に導き出された真理や論理、情報などを現代に役立つものに「読み替える」作業でもある。そのうえで、実際にいまの社会・いまの仕事に生かして行動する。それができなければ、すべて、「空論」に終わる。

松陰が著した『講孟劄記』も、『孟子』をテキストにして、「いまの日本の現実をどうするか」を論じたものだ。多くの人が「ただ読んで、わかった気になっている」のとは違って、いまの時代に引き寄せて考えることを眼目としている。

古典に限らず、学ぶとは本来、そういう実践的なものだ。理論・情報をそのままの形で身につけただけでは、まったく役に立たないのである。

たとえば、DeNAを立ち上げた南場《なんば》智子さんは、マッキンゼーでさまざまなマネジメント理論を身につけた。コンサルタントとして経営者にアドバイスをしてきた。にもかかわらず現実に会社経営をしたら、そのキャリアが役に立たなかったそうだ。それで「すべて忘れて」、独自の「不格好経営」を編み出したという。

古典をはじめとする書物や各種理論は、まずやってみて、現実にどう適応させるかを考えて学ぶことがポイントと言えよう。

六五 いいものはいいと認める

日本流でも西洋流でも、上手な人はどちらをやらせてもうまい。下手な人はどちらをやらせても下手である。和洋どちらがいいとか悪いにこだわってもしょうがない。大事なのは、いいものはいいと認めて取り入れ、国のために一致して努力することだ。

和流《わりゅう》の上手《じょうず》は西洋《せいよう》をやりても上手《じょうず》、西洋《せいよう》の下手《へた》は和流《わりゅう》も下手《へた》、何《なに》とぞ二《ふた》つのものを兼《か》ねて固陋偏執《ころうへんしゅうこ》之れなく、国《くに》の為《た》め一致《いっち》して努力《どりょく》させかし。

（嘉永六年八月八日「兄杉梅太郎宛書簡」）

【解説】

ここで松陰が問題にしているのは、大砲のことである。「西洋砲がいい」「いや、和流のほうがいい」と、二者択一的に優劣を競うのはムダだとしている。要するに撃ち手の技術の問題だ、ということだ。実際、何かで一流になった人は、別のことをやらせてもうまいものだ。語学もそう。たとえば、福澤諭吉は漢文の素養があったからこそ、オランダ語ひいては英語も習得できたという見方もできる。

最近は幼いころから子どもに英語を学ばせる親が多いが、そうカリカリすることもない。大事なのは英語がしゃべれることではなく、英語で何をしゃべるか。日本語で意味のあることを言える人は、英語でも意味のあることが言える。いくら英語がペラペラでも、意味のないことしか言えないのではしょうがない。

また、別の書簡には「西洋流《せいようりゅう》を毀《そし》るも知《しっ》てから毀《そし》るがよし」という文章もある。「西洋のはダメだと断ずる者は、西洋流を知ってからにしろ」と。どちらか一方しか知りもしないで良し悪しを決めず、両方を知っていいほうをとれ、という姿勢だ。

何を学ぶにせよ、やってみる前に異質のものを斥《しりぞ》けるような偏狭さがあってはならない。客観的にいいものはいいと認める寛容性を持つことが望ましい。

六六 常に世界の水準に触れておく

鎖国をして引きこもっていてはダメだ。イギリスやフランスなどの小さな国でさえ、遠洋を渡って国を栄えさせているではないか。日本も大きな軍艦を造って世界を航海し、知見を広めなくてはいけない。そのうえで富国強兵の計画を立てていけばよい。

外国《がいこく》の事情《じじょう》を知《し》らずして徒《いたず》らに海岸《かいがん》を守《まも》り貧窮《ひんきゅう》に困《くる》しみ候《そうろう》は誠《まこと》に失策《しっさく》に之《こ》れあるべく、暎咭唎《イギリス》・仏蘭西《フランス》などの小国《しょうこく》にてさへ《え》、万里《ばんり》の遠海《えんかい》へ亙《わた》り人《ひと》を制《せい》し候《そうろう》は、皆々航海《みなみなこうかい》の益《えき》に御座候《ござそうろう》。此《こ》の所早《ところはや》く御着眼《ごちゃくがんこ》之れなく候《そうらい》ては覚束《おぼつか》なく存《ぞん》じ奉《たてまつ》り候事《そうろうこと》。

（安政五年五月二十八日「続愚論《ぞくぐろん》」）

【解説】

松陰は「攘夷論の人」と見られがちだが、「外国を追い出す」ことより「外国に侵略されてはならない」ほうに軸足を置いている。国が立派に立っていくために、進んだ外国の文明を学び、国威を高めなければいけないという考えである。

日本はやがてその方向に進んでいったものの、最近になって失速している感が否めない。「自国中心」的な方向に行きすぎているように思うのだ。

現実に、「海外に留学したい」「海外を旅したい」と思う若者が減っている。趣味の世界でも、たとえば映画は邦画が全盛で、洋画も日本語吹き替え版が好まれる傾向が大。読む本は日本の流行作家のものが中心で、海外文学はあまり読まれない。「読むべき本百冊」といった企画で海外のものが二割程度であるのにショックを受けたことがある。〝心の鎖国〟みたいなことが起きているのだ。日本はたしかにいい国だし、「日本のものがいい」と思うのはいい。でも、あまりに世界に対して無関心なのはいかがなものか。世界へと知見を広げることは自分自身への刺激にもなる。

そもそも日本は松陰の時代以来、世界を敏感に意識したことでここまでの国になった。現代人ももっと世界の水準に常に触れておくことが重要だと私は考える。

六七　旅は学びの舞台

日本を良くしたいという志を胸に、日本中を旅して見聞を広げたい。そう思って江戸に出てきた。学ぶことにワクワクする余り、三千里の距離さえ遠いとは感じないほどだ。

志《こころざ》す所《ところ》ありて遊《あそ》べば三千里《さんぜんり》を遠《とお》しとせず。

（嘉永四年四月二十一日「阿兄《あけい》に与《あた》ふ」）

【解説】

「私は青年時代にたくさんの本を読み、非常に熱心に学問に励んだ。しかし、学んだことが真理とは思えない。虚偽・まやかしに満ちている。もうだまされない。世界というもっと大きな書物を読みに、旅に出ることにした」

デカルトが『方法序説』のなかで述べているこの精神は、「日本を良くするには、日本中のことを知らねばならない」と諸国遊学に出た松陰に通じるものがある。

注目すべきは、松陰のなかでは「志」と「遊び」が同居していること。旅で出合うさまざまな事象を、ワクワクしながら学びとっていく〝学習方法〟である。

一本筋の通った志の下に、足の向くまま、気の向くまま。「一週間後には自分がどこで何をしているかわからない。誰と出会い、どこへ行くかもわからない」という感じで、旅を学びの舞台とする。そこにあるのは、自由闊達な「遊び」の精神だ。三千里も遠いと感じないくらい、心が高揚するのである。

学ぶというのは、カリキュラムだからやる、試験があるからやる、というものばかりではない。それよりもっと楽しい学びが旅で得られるはず。ここは松陰の言葉を「体当たりで学んでいこうよ」というメッセージとして受け止めたい。

六八　互いの「得意」を教え合う

野山獄では、同囚の三名がそれぞれ得意な学問――俳句、文学、書を教え合うことにした。囚人たちにも声をかけ、私たちの講義に参加してもらった。いまでは、囚人の誰もがこれら三つの学問のどれかを学んでいる。しかも、非常に熱心だ。「この勢いでいけば、三年か五年もすればきっと大きな成果が得られるに違いない」と互いに喜んでいる。

今《いま》は此《こ》の三種《さんしゅ》の内《うち》なにかを学《まな》び申《もう》さぬ人迚《ひとと》ては之《こ》れなく、且《か》つ孰《いず》れも出精《しゅっせい》の趣《おもむき》なり。此《こ》の勢《いきおい》にて三五年《さんごねん》を過《す》ぎ候《そうら》へば必《かなら》ず大《おお》いに観《み》るべきもの之《こ》れあるべくと相互《そうご》に喜《よろこ》び居《お》り候《そうろう》。

（安政二年八月二十六日「兄杉梅太郎宛書簡」）

【解説】

松陰がいると、そこがたとえ牢屋であっても塾になる。なぜか。それは、松陰が教師になることを望んだというより、囚人たちに「いっしょに学ぼうじゃないか」と呼びかける姿勢を持っていたからだろう、このくだりの前に、

「吉村《よしむら》・河野《かわの》及《およ》び頑弟三人《がんていさんにん》志《こころざし》を同し《おなじく》力《ちから》を叶へ《かなえ》、獄中《ごくちゅう》の風教《ふうきょう》を興《おこ》し候積《そうろうつも》りにて、吉村《よしむら》は発句《ほっく》を以《もっ》てし、頑弟《がんてい》は文学《ぶんがく》を以《もっ》てし、外《ほか》に富永子《とみながし》書法《しょほう》を以《もっ》て人《ひと》を誘し《いざない》候《そうろう》」

とあるように、野山獄での塾は同囚の三人が自分の得意を教え合う形で始まった。

松陰はまず、「あなたは私に何を教えることができるか」と切り出すのだ。

そして、松陰自身は『孟子』の講義を担当する一方で、自分の専門ではない俳句や書法などは他の囚人たちとともに吉村善作《ぜんさく》や河野数馬《かずま》、富永有隣《ゆうりん》らに教えてもらう。

松陰ほどの俊才が懸命に学ぶ姿は、囚人たちのみならず教師たちに自信と喜びを与えただろう。教育の原点を見る思いである。

私たちもこういう形で、「近くにいる仲間と互いに得意なことを教え合う勉強会」をやるといい。教え、教えられるなかで、高い学習効果が得られることが期待できる。

六九　一年前の自分をたどる

野山獄に入れられて三月三日の桃の節句を迎え、ふと「一年前の自分は何をしていたかなぁ」とふり返ると、感慨深いものがある。実に中身の濃い日々だった。あの日から日を追って、この一年を記録しておこう。

野山獄《のやまごく》にありし時《とき》三月三日《さんがつみっか》に遇《あ》ひければ、去年《きょねん》の事《こと》を回顧《かいこ》し、感慨《かんがい》の至《いた》りに堪《た》へず。因《よ》つて日《ひ》を逐《お》ひて是《こ》れを録《ろく》すること左《ひだり》の如《ごと》し。

（安政二年「回顧録」）

【解説】

『回顧録』冒頭のこの短い文章は、ここだけでけっこうおもしろい。松陰は金子重之輔（渋木松太郎＝渋生）とともに密航を企てて失敗。自首して、野山獄に閉じ込められたのだが、ふと思い出したのだ。「そう言えば去年の三月三日に、野山獄に至る道が始まったのだ」と。そして、恐るべき記憶力で入獄に至る過程を日記風に綴っていく。これは私たちも真似できる。「一年前、自分は何をしてたんだっけ？」と考えてみるのは、いまの自分の立ち位置を測るうえで有効だ。過去を思い出すというより、いまに至ったプロセスを検証する感じである。自分の成長度合いを見る材料にもなる。一年前が遠い昔に感じられたら、大きく成長したとも言える。

ただ、松陰のように思い出して書くのは大変だ。実は私はこれを手帳でやっている。予定だけではなく、事後的に日々の感想やコメントを書き込んだ半日記のような形。その手帳を二年分パチンと留め、回顧録にちょっと近いものにしている。一年前に何をやっていたかがたちどころにわかるし、時節ごとに決まっている仕事をチェックしたり、今年の予定を立てるのに活用したりできる。自分にとって使い勝手のいい〝回顧録風手帳〟を持つことをおすすめする。

七〇　アイデアが浮かんだら、すぐにメモ

獄中で一日座って本を読んでいたら、寝ているような、覚めているような心地のなかで、不意に文が空中に浮かんだ。ちょっと書きつけて、送っておくよ。本はアイデアが生まれる刺激剤になるものなんだ。

吾《わ》れ野山獄《のやまごく》に在《あ》り、一日堅坐《いちにちけんざ》して書《しょ》を念《おもう》ふ、恍恍惚惚《こうこうこつこつ》、睡《ねむ》るが如《ごと》く醒《さ》むるが如《ごと》く、忽《たちま》ち此《こ》の文《ぶん》を空中《くうちゅう》に得《え》、已《すで》にして精神初《せいしんはじ》めに復《ふく》す。

（安政元年十二月二十四日「兄杉梅太郎宛書簡」）

【解説】

松陰は獄中にあっても、気分が落ち込むことはない。この手紙の冒頭にある、「大《おお》ぞらの恵《めぐみ》はいとど遍《あま》ねけり人屋《ひとや》の窓《まど》も照《て》らす日《ひ》の影《かげ》」という歌からも、松陰が牢屋に差す日の光に自然の恵みのありがたさを感じつつ、静かに、でも忙しく時を過ごしていた様がうかがわれる。

さて、ここで私たちが学ぶべきは、「本を読んで学ぶだけではなく、思考することによってアイデアが湧き上がってくる」、そういう本の読み方をすることの大切さである。孔子が「学《まな》びて思《おも》わざれば則《すなわ》ち罔《くら》し、思《おも》いて学《まな》ばざれば則《すなわ》ち殆《あやう》し」と言ったように、学ぶことと思考することはセットでないといけない。そういう姿勢で本を読むから、ふとした瞬間にアイデアが湧く、とも言える。

本を読むことは、実は自分の考えを発展・飛躍させるためにも必要なことなのだ。

みなさんも松陰を真似て、本を読んでいて思いついたことを書き、ネットを通じてでも友人・知人に送ってみてはいかがだろう。そこから何かが始まるかもしれない。

吉田松陰をめぐる人々 ④ 品川弥二郎

長州藩の足軽・品川弥市右衛門の長男として生まれた品川弥二郎が、松下村塾に入ったのは十五歳のときのこと。塾の増築に際して、品川が誤って松陰の顔に壁土を落としてしまい、松陰が「弥二、師の顔に泥を塗るとはこのことか」と冗談を言って一同を笑わせた、というエピソードも伝わる。また、鳥羽伏見の戦いでは、官軍のテーマソングであるトコトンヤレ節をつくり、流行らせたことでも知られる。これは日本初の軍歌であり、流行歌である。

松陰の死後、品川は久坂・高杉らとともに攘夷運動に奔走。木戸孝允とともに上京して薩長同盟の成立にも力を尽くした。維新後はヨーロッパ留学を経て、政府の要職を歴任した。享年五十六歳。

松陰がとくに人格面で高く評価し、かわいがった門弟のひとりである。

5章　人を育てる

七一　友人と切磋琢磨する

自分は義を貫く。その義よりも功績のほうに目が奪われている桂小五郎や久坂、中谷、高杉ら友人とは意見の違うところがある。しかし、違うから「あいつはダメだ」と断じるのは良くないと思っている。

其《そ》の分《わか》れる所《ところ》は僕《ぼく》は忠義《ちゆうぎ》をする積《つも》り、諸友《しよゆう》は功業《こうぎよう》をなす積《つも》り。さりながら人々《ひとびと》各々《おのおの》長《ちよう》ずる所《ところ》あり、諸友《しよゆう》を不可《ふか》とするには非《あら》ず。尤《もつと》も功業《こうぎよう》をなす積《つも》りの人《ひと》は天下《てんか》皆是《みなこ》れ。忠義《ちゆうぎ》をなす積《つも》りは唯《た》だ吾《わ》が同志《どうし》数人《すうにん》のみ。吾《わ》れ等《ら》功業《こうぎよう》に足《た》らずして忠義《ちゆうぎ》に余《あま》りあり。

（安政六年正月十一日「某宛書簡《ぼうあてしょかん》」）

【解説】

この手紙は、野山獄中にあって行動の自由を失った松陰が、「時勢が幕府専制に流れるなか、藩主の江戸参勤を止めて勤王に向けて立ち上がらなければいけないというのに、どうして桂小五郎も久坂玄瑞も中谷正亮《しょうすけ》も高杉晋作も自重論を唱えるのだ」と苛立つ気持ちから書かれたものである。

ただ、「何だよ、あいつらは」と期待を裏切られたような思いを抱きながらも、松陰は「意見が違うからと、はねつけてもしょうがない」としている。

そこにあるのは、あまりにも濃い人間関係だ。この時代の友人というのは、熱く語り合い、わかり合おうとし、ときに意見を異にしながらも、ともに国のために命がけで飛ぶ矢のように生きていた。意見が違うからといって仲間はずれにする偏狭性はなく、互いが互いを意識しながら切磋琢磨する関係性を持っていたように思う。目指しているものがあれば、多少のズレはあっても大切な友なのだ。

翻って、現代に生きる私たちはどうなのか。フェイスブックやLINEなどを介して百人単位の友達とやり取りするのもそう珍しくはないご時世だが、果たして彼らは友と、同志と呼べるのか。その辺を問うてみる必要もありそうだ。

七二　人のいいところだけを見る

私は日ごろ、人のいいところだけを見て、むやみに衝突しないように心がけている。自分は立派な人間でもなければ、根は臆病で愚かな性格なので、人の悪いところを探し出して意見するなど、性に合わないからだ。争わず、逆らわず、みんなと協力し合って進んでいければ本望である。

余《よ》平素《へいそ》行《おこない》篤敬《とつけい》ならず、言忠信《げんちゆうしん》ならずと云《い》へども、天性甚《てんせいはなは》だ柔懦迂拙《じゆうだうせつ》なるを以《もつ》て、平生多《へいぜいおお》く人《ひと》と忤《さから》はず、又人《またひと》の悪《あく》を察《さつ》すること能《あたわ》はず、唯《た》だ人《ひと》の善《ぜん》のみを見《み》る。

（安政三年六月七日「講孟余話」）

【解説】

自分の天性が「柔懦迂拙《じゅうだうせつ》――意気地なしで、世事にうとい愚か者」とは、松陰も謙遜したものだ。彼の言動からはとてもそうは思えないが、ここで私たちが学ぶべきは、「人の善いところだけを見る」という姿勢である。

悪いところばかり目につくと、どうしても文句を言ったり、意見したりしたくなり、きつい物言いになってしまう。結果、ぶつかり合って、人間関係が気まずくなるのだ。だから、悪いところは気にしないと決めたほうがいい。

もちろん、悪いところを指摘して直してもらうことが必要なこともある。そういう場合は、たとえば「こうしてもらうと、助かります」みたいな感じで言うとか、できるだけソフトな言い方をするのが望ましい。

これからはとくに、「チームとして働く」ことの重要性が増してくる。そういう時代に、メンバーの悪いところを見て、いちいち意見していては、仕事の推進力が鈍るだけ。そうならないためにも、人の善いところだけを見るのは一つのやり方としてよいように思う。「いいね、いいね。こうするともっといいんじゃない？」などと言いながら、チーム全体を盛り上げていく術を身につけたい。

七三　いざというときに人の本性がわかる

日ごろおしゃべりな人間ほど肝腎なときに黙り込み、日ごろ気炎を上げている人間ほど「さあ、いまだ！」というときに意気消沈してしまうものである。

本当に気迫に満ちた人というのは、ふだんはしごく穏やか。そうやってエネルギーを内に溜めて、いざというときに爆発させるのだ。

平時《へいじ》喋々《ちょうちょう》たるは、事《こと》に臨《のぞ》んで必《かなら》ず唖《あ》。平時《へいじ》炎々《えんえん》たるは事《こと》に臨《のぞ》んで必《かなら》ず滅《めっ》す。（中略）平時《へいじ》は大抵用事《たいていようじ》の外一言《ほかいちごん》せず、一言《いちごん》する時《とき》は必《かなら》ず温然和気婦《おんぜんわきふ》人好女《じんこうじょ》の如《ごと》し。是《こ》れが気魄《きはく》の源《みなもと》なり。慎言謹行卑言低声《しんごんきんこうひげんていせい》になくては大気魄《だいきはく》は出《で》るものに非《あら》ず。

（安政六年二月下旬「諸友宛書簡《しょゆうあてしょかん》」）

【解説】

この言葉は、中谷正亮・久坂玄瑞・高杉晋作等に宛てた手紙に出てくるものだ。一読して、「そうそう、その通り」と膝を打つ人が多いのではないだろうか。

ふだんは寡黙な人がここぞのときに吐く言葉は重いし、一見すると穏やかでおとなしそうに見える人が非常事態になると思わぬリーダーシップを発揮する、というのもよくあること。二〇二三年WBC準決勝で起死回生の3ランホームランを打った吉田正尚《まさたか》選手が思い浮かぶ。自分に力のある人は、やたらとパフォーマンスに走らないものなのだ。

「口ほどにもない」という言葉があるように、自分のことを自慢げに話したり、威勢のいい大言壮語を吐いたりして、やたらしゃべる人というのは、だいたいが〝見かけ倒し〟である。

それは、松陰に言わせれば、どうでもいいときにエネルギーの無駄遣いをしているだけ。松陰の行動力や周囲への影響力も、いざというときのためにふだんは省エネで気力を溜めていたからこそのものだろう。ふだんのパフォーマンスはほどほどに。行きすぎると、逆に自分の価値を自分で貶めることになる。

七四　人との「距離感」を大事に

人とのつき合いはある程度の距離感があったほうがいい。『老子』にあるように、君子の交わりは水のように淡く、小人の交わりはあま酒のようにベタベタしている。立派な人というのは、さっぱりとしたつき合いをするものだ。一方、私利私欲にまみれた人は、どろどろの交際に陥りがち。それゆえにトラブルが多く、長続きもしないのである。

君子《くんし》の交《まじわり》は淡《あわ》くして水《みず》の如《ごと》く、小人《しょうじん》の交《まじわり》は濃《こ》くして醴《あまざけ》の如《ごと》し。その味《あじ》も知《し》るべし。君子《くんし》道義《どうぎ》の交《まじわり》は、淡《あわ》き故《ゆえ》に久《ひさ》しゅうして変《へん》ぜず、小人《しょうじん》利欲《りよく》の交《まじわり》は濃《こ》き故《ゆえ》に久《ひさ》しからずして変《へん》ず。

（安政三年五月二十九日「講孟余話」）

【解説】

世の中の事件を見ていると、多くの場合、どろどろとした人間関係に端を発している。たとえば、お金持ちの人に近づいて借金し、「返せ」と言われて逆恨みする。道ならぬ恋に走り、愛憎劇の果てに殺傷事件を起こす。金や権力で人を操ったために、転落したとたんに「金の切れ目が縁の切れ目」のような憂き目に遭う。

私利私欲で人とつき合うと、ろくなことにはならないのである。

松陰がここで言う「淡交《たんこう》」はもとは老子の言葉だが、福澤諭吉の勧めるところでもある。諭吉は「人づき合いはできるだけ広くしたほうがいい。世間も広がるし、新しい友も得られる」とする一方で、「でもまあ、私には本当に腹を割って話せるような莫逆《ばくげき》の友はいなかったね」とさらりと言っている。裏を返せば、多くの人と交流しながらも、そう深くつき合うでもなく、距離感を持って淡々とつき合っていたということだ。人づき合いに関して悩む人は多いけれど、距離感を大切にして、そのどろどろにはまってしまわないよう、「淡交」を心がけるといい。多くの人と淡く長くつき合う。それができるのが君子、立派な人物の証でもあるのだ。

七五　人の顔色を見て行動するな

物事の本質がわかっていなくて、危機的状況にあってもなおボーッとしているような人は酔っぱらいのようなもので相手にしてもしょうがない。批判する値打ちもない。そんな人の顔色をうかがって行動するなどもってのほかだ。適当にあしらって、自分は自分のやるべきことをやればいい。

実《じつ》に世《よ》の中《なか》の人《ひと》は酔漢《すいかん》と思《おも》ふがよし。何《なに》を云《い》うても分《わか》りもせず、腹《はら》も立《た》てず、涙《なみだ》もなし、虫《むし》も居《お》らず。そんな人《ひと》を相手《あいて》にするよりは、程《ほど》よくだまして吾《わ》れは吾《わ》が事《こと》をするがよい。

（安政六年四月七日「野村和作宛書簡《のむらわさくあてしょかん》」）

【解説】

「酔漢《すいかん》」という表現がおもしろい。酔っ払うと頭がぼんやりして、そこで起きていることにも無感情・無感動になることがある。逆に、些細なことに怒ったり、泣いたり、わめいたり、笑い転げたりする場合もあるが、物事がわかっていない部分では大同小異である。

松陰はそんな「酔漢」など相手にするな、適当にあしらえと言う。それだけ聞くと、何だか偉そうなようだが、要するに「人の顔色を見て行動するな。自分の思う通りに行動しろ」ということである。

たとえば、上司が「事なかれ主義」で、あまりやる気のない人だったとする。部下としてはイライラするので、つい上司のことを批判したくなる。あるいは、そんな上司でも上司は上司なので、顔色を見て事を起こさないように自分まで消極的になったり、やる気がなくなったりすることもあるだろう。

しかし、どちらもダメ。自分の人生が冴えない上司に振り回されることになる。批判せず、ぶつからず、悪い感化も受けず、自分のやるべきことをまっすぐ見据えて行動する。それも人間関係に煩わされない一つの方法と言えよう。

七六　朱に交わらない

つき合う相手は選ばなければいけない。志のある者とはつき合っても問題はない。しかし、国が危機的な状況にあるというのに、どこ吹く風とばかりに言動が軽々しい人間や、風流を楽しむ人間、遊び人とはつき合わないほうがいい。「朱に交われば赤くなる」で、ろくなことはない。

有志《ゆうし》人《ひと》は交《まじわ》はり候《そうらい》ても気遣《きづかい》之《こ》れなく、軽薄《けいはく》もの・風流人《ふうりゅうじん》・遊蕩人《ゆうとうじん》と交《まじわ》はる程《ほど》危《あやう》ふき事《こと》はなし。

（安政二年二月十九日「久保清太郎宛書簡」）

【解説】

松陰は和歌や漢詩をささっとつくってみたりなど、実は文学的な教養の豊かな人である。だから、風流を楽しむことも嫌いではなかったと思う。ただ時代が時代だけに、風流人を見ると「そんなに悠長にしている場合か」と思ったのだろう。

この時代はとくに、趣味や遊びをともに楽しむ同好の士よりも、志を同じくしてともに事を成す仲間、つまり同志と人間関係を築くことが重要だったのである。

前にも触れた福澤諭吉は、交友においては「朱に交わりて赤くならず」をモットーとしていた。いわゆる悪い人、松陰の言い方を借りれば「軽薄」な人たちとつき合っても、影響を受けないと。松陰よりやや寛容といったところか。

私たちも無意識のうちにつき合う人を選んでいると思う。職種や活動領域は違っても、何となく気の合う人がいる。おそらく、物事に取り組む考え方や構えが自分と似ている、あるいは自分がお手本にしたい何かがあると感じるのだろう。そこに同志に近い感性の響き合いがあるわけだ。

つき合うなら、そういう人がいい。「つき合う人を選ぶ」というのは大事なことである。

七七　大事なのは結束力

自分と生死をともにする者十数人。実に頼もしい彼らとの堅い結束の下、事を成していく。大事なのは結束力なのである。

門下《もんか》少年輩《しょうねんぱい》僕《ぼく》と死生《しせい》を同《おな》じうし候《そうろう》者《もの》又《また》十数人《じゅうすうにん》も之《こ》れあり候《そうろう》。

（安政五年十二月二十一日「大原三位《おおはらさんみ》宛書簡《あてしょかん》」）

【解説】

何事も一人の力で成すことはできない。組織はもちろん、個人で仕事をしている人だって、チームで取り組む必要がある。

その場合に最も大事なのは、チームの結束力である。いかに優れた人材が揃っていても、チームのメンバーの気持ちがバラバラだと、うまくいくものもうまくいかない。たとえばスポーツでも、「ロッカールームで話したことが外に洩れてしまう」ようなチームは弱い。秘密を守るという信頼関係があるから、かなり踏み込んだ話ができるわけで、それが洩れるということは結束力が弱いのだ。

また、ビジネス書のなかには、「起業するとき、『何』をやるかよりも『誰』とやるかが大事。その『誰』を決めてから、『何』をするかを考えるのが、順番として正しい」と説いているものもある。そのくらい、事を成すには同志的結束力が重要だということだ。

もちろん、松陰ら志士たちは最初から「何」をするかも決まっていた。だが、それ以前に、松陰は志士たちと全人格的な交わりを通して結束力を固め、「生死をともにする」までに意識を高めていた。そこに注目したい。

七八　敵をつくらない

真心のある人には、敵がいない。だから「天下無敵」である。敵をバッタバッタとなぎ倒してつぶしていったわけではなく、誰に対しても真心を持って接することで、結果的に敵をつくらずに済んだ、ということだ。

仁人《じんじん》は天下《てんか》に敵《てき》なし。

（安政三年六月四日「講孟余話」）

【解説】

松陰の言う「仁人《じんじん》」――真心のある人になるにはどうすればよいか。

気をつけるべきは、まず「言葉」である。人を悪しざまにののしる、執拗に〝口撃〟する、人を貶める物言いをするなど、人を傷つける言い方をすると、恨みを買ったり、逆襲を被《こうむ》ったりする。要するに「敵をつくる」ことになるのだ。

私も若いころは「敵をつくる」タイプだった。自分の言葉によって、つくらなくてもいい敵をどんどんつくってしまっていたような気がする。そんなことをしてもあまりいいことはないと年々学び、いまはずいぶん丸くなった。

とくにテレビに出るようになってから、「AかBか、どちらの意見を述べても、必ず怒り出す人がいる」ことを知った。そして、コメンテーターをやりながら、発言の仕方に気をつける術を学んだのである。たとえば、相手の言い分を受け入れたうえで自分の意見を言うとか、ソフトな言葉を使う、といったふうに。

ネットでの交流が盛んないまは、「一億総コメンテーター」の時代だ。言葉による攻撃が波紋をおよぼす度合いが大きくなっている。ムダに敵をつくらないよう、言葉にはくれぐれも気をつけたい。

七九　ともに学ぶ姿勢で人と交わる

下田の牢屋と同じく、江戸に移送される途中に泊まった宿でも、私は寝ずの番をする番人相手に、人として踏み行うべき道を説き聞かせた。みんな、気力にあふれた若者たちで、私の話に大いに発憤してくれた。生涯でこんなに愉快な気持ちになったことはないくらいだ。

宿《やど》にて番人等《ばんにんら》寐《ね》ずの番《ばん》をなす故《ゆえ》、亦《また》為《た》めに大道《だいどう》を説《と》き聞《き》かすること下田《しもだ》の獄《ごく》に在《あ》る時《とき》の如《ごと》くにして、更《さら》に快《かい》なり。余生来《よせいらい》の愉快《ゆかい》、此《こ》の時《とき》に過《す》ぐるはなし。因《ちな》みに云《い》ふ、三島《みしま》にて××三四《さんよ》人《にん》出づ《いず》、皆年少《みなねんしょう》気力《きりょく》ある者《もの》、余《よ》が話《はなし》を聞《き》きて大《おお》いに憤励《ふんれい》の色《いろ》あり、去《さ》るに臨《のぞ》みて甚《はなは》だ恋々《れんれん》たり。

（安政二年「回顧録」）

【解説】

松陰は行く先々で、出会う人たちを相手に講義をする。これより後、野山獄でも、自分を監視している者や囚人たちに『孟子』の講義をしたというし、どこにいても松陰は先生になってしまうのだ。

囚人や番人、獄吏などを相手に何を説いても、日本が変わるわけはない、というふうには松陰は思わないのだろう。自分の話を一生懸命聞いて、感銘を受けてくれたことに大きな喜びを感じるのだ。おそらく松陰には威張ったところがなく、誰に対しても「いっしょに学ぼうよ」と明るく気軽に接したのだと思う。

こういったエピソードを読むにつけ、「松陰は天性の教師だったんだなぁ」と改めて感心する。と同時に、当時の人たちは囚人を蔑《さげす》んで遠ざけることなく、「立派な人であれば、話を聞きたい」という姿勢であったこともわかる。いまよりも精神が自由だったように思える。

人を感化するとは、こういうこと。自分が教える立場であるなら、なおさら偉そうなふるまいを慎み、「ともに学ぼう」という若々しい気持ちを持って若い人たちと交流することが大切である。

八〇　時にはジョークで笑い飛ばす

西洋臭いのが大嫌いですか。だったら、身につけて慣れてしまえばいいんですよ。自分の糞《くそ》が臭くないのと同じで、西洋臭さも何でもなくなりますよ。あははははは。

西洋臭《せいようくさ》きか。身《み》についた糞《くそ》はくそうない、あはゝ《は》ゝ《は》ゝ《は》。

（安政元年十一月二十三日「兄杉梅太郎と往復書簡」）

【解説】

これは、兄からきた手紙の行間に、松陰がコメントを書いて送り返したもの。いまでいうチャットのようでおもしろい。内容的には、「西洋臭いのは大嫌いだ」と言う兄に対して、「そう毛嫌いしないで、身につけてしまえばいいんですよ」とアドバイスしたもの。松陰は国粋主義者のように思われるが、兵学を専門とし、海外からいろんな知識・技術を学ぼうとした進歩的な人物でもあるのだ。

それはそれとして、私はここでは松陰のジョークまじりの言い回しに注目したい。昔の人は、手紙や文章を書くときは少々力んで、漢文調や古文調になる。けれども、十返舎一九《じっぺんしゃいっく》の『東海道中膝栗毛』などを読むとわかるように、実際にしゃべる言葉はいまの言葉に近かっただろう。松陰のこの言葉は、坂本龍馬の手紙も想起させる親しみやすさだ。「ふだんはこういうしゃべり方をしたんだろうな。冗談を言って文字でも笑わせる人だったんだな」と思える。このように軽いジョークで人を笑わせることは、人間関係の潤滑油になる。会議などでも誰かがジョークを言って、みんなが笑うと、場がなごむし、いろんなアイデアが出やすく生産性も上がる。ジョークを言える人間的な柔らかさは誰しも持っていたほうがいい。

八一　決意は変わらない

男子として決意したことをやる。たとえ富士山が崩れても、利根川の水が尽きても、何があろうと私の決意は変わらない。

丈夫《じょうふ》見《み》る所《ところ》あり、意《い》を決《けっ》して之《こ》れを為《な》す。富嶽《ふがく》崩《くず》ると雖《いえど》も、刀水《とうすい》竭《つ》くと雖《いえど》も、亦《また》誰《た》れか之《こ》れを移易《いえき》せんや。

（安政二年「回顧録」）

【解説】

松陰の密航計画に対して、同志たちもさすがに最初は「外国の情勢はいま研究しなければいけないのか」とやめさせようとした。失敗すれば晒《さら》し首。そんな危険なことを松陰にさせたくなかったのだ。しかし、松陰は耳を貸さない。富士山だの利根川だのを持ち出して、自らの不退転の決意を表したのだ。最後は涙まで流し、「断然、危計を行う」とし、「この一事を成して国に報いるならば、国威を高めることになるではないか」と。ここに至って、その場にいた七人の同志たちはみんな大きくうなずいたのだった。あまりにも堅い決意にほだされたかっこうだ。

松陰ほどではなくとも、事を成す中心には、「何が何でもやる」と肚《はら》のすわった人間がいるものである。周囲はその力強い決意に圧倒されながらも、「そうだ、そうだ」と引っ張られていく。こういう人がいないと、事はなかなか動かない。

私も以前、新しい学科をみなでつくるときに似たような経験をした。難しい事情もあったが「何としてでもやりたい」という強い思いを持ったメンバーが数人いたことで、事態が創設の方向に大きく動き出した。新しいことを始めるときはとくに、求心力を持つ人たちの存在がモノを言うのである。

八二　強い意志で人を引っ張る

肚《はら》が決まっているリーダーには、自ずと人がついてくる。リーダーはまず揺るぎないまでにビジョンを固め、「絶対にやり遂げるんだ」という強い意志を肚に溜めること。すると、その肚から生気があふれ出て、周囲を巻き込んでいくことができる。

明君賢将《めいくんけんしょう》必《かなら》ず先《ま》ず其《そ》の心《こころ》を定《さだ》む。吾《わ》が心《こころ》一《ひと》たび定《さだ》まりて、将吏士卒《しょうりしそつ》誰《た》れか敢《あ》へて従《したが》はざらん。

（嘉永三年八月二十日「武教全書　守城」）

【解説】

日本の文化には「腰肚文化《こしはら》」とも称すべき特徴がある。

いまも「肚を決める」「肚を据える」といった表現がよく使われるように、決意は肚、とりわけ臍下丹田《せいかたんでん》と呼ばれるオヘソの下辺り、肚でするものとされてきた。

だから、肚が決まっている、言い換えれば自分のなかに確たるビジョンがあって、それを必ずやり遂げる決意を持ったリーダーは、自然と肚の底から生気があふれ出てくる。

周りは無意識の内にもその強いエネルギーに感化され、「この人についていこう」と思うだろう。

これぞ、まさにリーダーシップの真髄である。

そんなリーダーになりたいと思うなら、自分に揺るぎないビジョンと、それを実現しようという強い思いがあるかどうか、肚に尋ねてみるといい。

そのときに肚の内からふわーっと生気が抜けているようなら、まだ練り方が足りない。この文章の後段にあるように、「心肚《しんと》を涵養鍛錬《かんようたんれん》すること素《もと》あるものにして、能《よ》くする」――体力・精神力を鍛えて、強くする必要がある。

八三　いいところを伸ばす

一人の人間には、長所もあれば短所もある。そのすべてを丸ごと受け止め、いいところを伸ばしてやるようにすると、それがやがて突出した才能として開花する。あらゆる能力が備わっていることを求めたところで、すべてにおいて平均的な凡人しか得られないのだ。

「備《そなわ》はらんことを一人《ひとり》に求《もと》むるなかれ」（中略）古語《こご》にも、「庸謹《ようきん》の士《し》を得《う》るは易《やす》く、奇傑《きけつ》の士《し》を得《う》るは難《かた》し」と云《い》へり。小過《しょうか》を以《もっ》て人《ひと》を棄《す》てては、大才《だいさい》は決《けっ》して得《う》べからず。

（嘉永二年六月四日「武教全書　用士《ようし》」）

【解説】

日本はどちらかと言うと、「粒が揃っている」ことを重んじる傾向がある。だいたいのことを一通りできる〝平均的人物〟が評価されるわけだ。

ただ、「出来・不出来に波がある」とか、ちょっとした失敗で「あいつはダメだ」といった評価をしていると、突出した才能を育てることは難しい。

現に、組織の採用者がいま一番困っているのは、「みんなが平均的にいい子」になっていること。「誰を採っても同じ」に思えて、選びようがないと聞く。

思えば松陰は、あらゆることを完璧にこなす人間とはほど遠い。でも見るべきところのある高杉晋作のような人物を重用した。

長所と短所は裏表だから、一人の人間を欠点や弱点も含めて、トータルに受け止めたのだろう。だからこそ松陰は、突出した才能を持つ幕末の志士たちを数多く輩出することができたのである。

何でもいいから何か一つ突出した才能を見出し育てる。指導者はそういう眼力を持ち、若者たちを動かしていかなければいけない。

八四 人を育てるのに「一斉主義」は不要

人の能力は百人百様である。日本では国をあげて、みんなを同じように育てようとしているが、それでは突出した才能を育てることはできない。人材育成に妙な「一斉主義」を持ち込まず、優れた才能を育てることに努めるべきだ。

斉《ひと》しからざる人《ひと》を一斉《いっせい》ならしめんとせず、所謂才《いわゆるさい》なる者《もの》を育《いく》することを務《つと》むべし。(中略) 今《いま》の弊《へい》、闔国《こうこく》の人《ひと》をして皆一斉《みないっせい》ならしめんと欲《ほっ》するに在《あ》り。而《しこう》して却《かえ》って其《そ》の間《かん》、才《さい》なる者特出《ものとくしゅつ》するを見《み》ず。

(嘉永四年四月以降「山田《やまだ》治《ち》心気《しんき》斎先生《さいせんせい》に贈《おく》る書《しょ》」)

【解説】

日本の教育は伝統的に、「一斉主義」を奉じている。その成果もあって、日本人は知力・体力等の能力の平均値は高い。それが、日本の一つの強みでもある。

しかし反面、突出した能力が育ちにくい、という弱点がある。粗削りながら光る能力のある人が少なく、わりと小さくまとまってしまいがちなのだ。こういった傾向は、松陰の時代よりさらに進んでいるだろう。

だから、指導者はもう「一斉主義」をやめたほうがいい。そもそも、誰ひとり同じではない人間を、同じように扱うこと自体がおかしいのだ。

そこで提唱したいのは、「一人ひとりの個性・能力に応じたミッションを与える」という教育スタイルだ。イメージ的には、個別のコーチング。指導者は生徒の得意・好きを見極め、さらに能力に応じた練習メニューを考えてやる。そうやって、それぞれの優れた能力を伸ばしてあげるやり方がベストだと、私は思う。

現代の日本では各界に将棋の藤井聡太さんら若い傑出した人物が出てきている。ボクシングの井上尚弥選手は、世界ボクシング史上で最高の選手だが、父の真吾さんのコーチングの成果である。

八五　大きな仕事を任せる

大きな才能を持っている人には、最初から大きな仕事、大切な仕事を命じるのがよい。当人もそれを意気に感じて奮起し、期待に応えてくれるだろう。もし、そういう人に誰にでもできるようなつまらない仕事をさせると、やる気を失い、〝役立たず〟になってしまう。人を教えるのも同じである。

人《ひと》を用《もち》ふるの法《ほう》、大才能《だいさいのう》の人《ひと》は始《はじ》めより大任重職《たいにんじゆうしよく》を命《めい》ず。而《しこう》して其《そ》の人《ひと》亦自《またおのずか》ら奮厲《ふんれい》し、大《おお》いに其《そ》の忠思《ちゆうし》を舒《の》ぶること、猶《なお》ほ時雨《しぐれ》の化《か》するが如《ごと》し。若《も》し大才能《だいさいのう》の人《ひと》を瑣事賤役《さじせんえき》に役使《えきし》すれば、其《そ》の人必《ひとかなら》ず厭怠《えんたい》して之《こ》れが用《よう》たらず。教《おしえ》も亦然《またしか》り。

（安政三年五月二十九日「講孟余話」）

【解説】

スポーツの世界には、年齢に関係なく、能力しだいで大きな舞台で活躍できる土壌がある。たとえばプロ野球にしても、高卒ルーキーがいわゆる「二軍暮らし」もなく、即一軍で堂々エースや中軸メンバーを張ることがある。能力のある選手に対して、「五年間は二軍で鍛えなさい」などと命じはしないのだ。

どんな仕事でも同じである。能力のある人には、いまの実力からすると「ちょっと荷が重いかな。できないかな」と思えるくらいの大きな仕事・難しい仕事をどんどん任せたほうがいい。本人ががぜんやる気になり、期待通りの、場合によっては期待をはるかに上回るいい仕事をすることが多いのである。

それなのに「えこひいきはいけない」として、〝凡才〟と同じように扱うと、能力のある人にとっては簡単な仕事ばかりで、そのうち腐ってしまう。役不足が続いた結果、貴重な才能の芽を摘み取ることになりかねない。

日本にはいまも「修業」と称して、新人に一律で長い下積みを課す風習の残る業界がある。そんなのはもう古い、と私は思う。上に立つ者には、部下を年齢や経験ではなく能力で評価し「若い人を抜擢して伸ばす」指導力が求められるのだ。

八六　褒めて育てる、競わせて育てる

品川弥二郎は情深く見どころのある少年だ。かわいくてしょうがない。私が獄にいるときもいろいろ面倒を見てくれた。たくさんの本を読むことができたのも彼のおかげである。増野徳民《ましのとくみん》と作間忠三郎《さくまちゅうざぶろう》も弥二郎に同じ。この三人はまだ少年ではあるけれど頼りになる。

弥次郎《やじろう》大《おお》いに是《こ》れ有情《ゆうじょう》の少年《しょうねん》、愛《あい》すべし愛《あい》すべし。小生杉蔵兄弟《しょうせいすぎぞうきょうだい》共《とも》に同《どう》志《し》と大《おお》いに隙《すき》を生《しょう》じた時《とき》も、終始一意《しゅうしいちい》、両獄《りょうごく》を往来《おうらい》して万事周旋《ばんじしゅうせん》して、今《こん》日《にち》に至《いた》るまで書籍其《しょせきそ》の外大抵《ほかたいてい》渠《か》れが力《ちから》にて読《よ》むことを得《え》たり。徳民《とくみん》・作間《さくま》両人《りょうにん》弥次《やじ》と全《まった》く同意《どうい》。此《こ》の三人少年《さんにんしょうねん》なりと雖《いえど》も恃《たの》むべし。

（安政六年五月十三日「高杉晋作宛書簡」）

【解説】

内容はともかく、ここで注目したいのは松陰が門弟の個性を見抜き、褒めることで才能を伸ばしてやった点だ。この手紙に登場する品川弥二郎（弥次郎）に対しては、けっこう〝突き放す教育〟をしていて、何度も叱っているが、塾に来ない日が続くと、すぐに手紙を出す。「弥二よ、君は得難い才を持っている。年は若く、学はいまだ成っていないが、それでも私が君を年長者と同じように扱うのは、君の才ゆえのことだ」というようなことを書き、「褒めて育てる」式教育も施している。

また、松陰は久坂玄瑞と高杉晋作を非常にかわいがり、二人を競わせるようにして育てた。これは有名な話だ。高杉は陽気だが、頑強な性格。松陰は「識見、気魄《きはく》、他人の及ぶなし」と見ていた。その頑固さはしかし、押さえつけるとひねくれて、堅固な意志をうまく伸ばせない可能性がある。そこで、松陰は高杉の前で久坂を誉めちぎり、競争心を煽ったのだ。果たして、高杉は発憤して学力を伸ばし、塾内で議論の第一人者と目されるまでに成長。久坂もそんな高杉を評価し、互いの能力を切磋琢磨する関係性ができ上がった。この辺の人の才の見抜き方と褒め方のさじ加減、部下を育てるときの参考になるのではないかと思う。

八七　才能を活用する才能を持て

優れた人材というのは、その人材を活用する能力のある人が上にいて初めて、持てる才能を発揮するものである。才能ある人を適材適所に配置する能力に長けた、見識に富んだ、才気あふれるリーダーを求めてやまない。

嗚呼《ああ》、世《よ》、材《ざい》なきを憂《うれ》へず、其《そ》の材《ざい》を用《もち》ひざるを患《うれ》ふ。大識見大才気《だいしきけんだいさいき》の人《ひと》を待《ま》ちて、群材《ぐんざい》始《はじ》めて之《こ》れが用《よう》を為《な》す。

（安政六年正月二十七日「子遠《しえん》に語《つ》ぐ」）

【解説】

リーダーの采配ひとつで、組織は強くも弱くもなる。たとえば、サッカーのマンチェスター・ユナイテッド。名将・ファーガソンが率いていた時代は、何十回も優勝した強いチームだった。ところが、優勝メンバーをそのまま残したにもかかわらず、監督がモイーズに替わったとたん、チームがガタガタになったのだ。

この一事をもっても、優秀な人材を揃えることより、彼らを適材適所で起用することのほうが数段大事であることがわかる。

つまりリーダーには、メンバーの一人ひとりが持てる才能を存分に発揮できる舞台を用意してやる能力が求められるということだ。そういうリーダーの下にいる者は、まさに水を得た魚のように生き生きと働き、それぞれが実力以上の能力を発揮する。当然、チーム力はどんどん上がっていくのである。

やがてリーダーになる人は、若いうちから四、五人のチームで練習するといい。「君はこの仕事、君の役割はこれ」というふうに人を配置する経験をすると、だんだんに人の生かし方がわかってくるはずだ。チームの活力を上げるリーダーとしての資質は、チームのなかで磨かれるのである。

八八　やる気のある人間に援助を惜しむな

諸藩の藩主は一万石につき一人、才能のある人を選び、三～五年海外に留学させるといい。加えて、新しいことに挑戦したい人間がいるなら、援助してやることが必要だ。そうやって優秀な人材を育てれば、藩の利益も国益も上がるというもの。いま、これ以上の急務はないと言っていい。

諸道《しょどう》の侯伯《こうはく》をして万石《まんごく》ごとに才士《さいし》一人《ひとり》を貢《すす》めて留学《りゅうがく》三五年《さんごねん》ならしめ、又巧思《またこうし》を出《だ》し新制《しんせい》を創《はじ》むる者《もの》あらば、額外《がくがい》に之《こ》れを貢《すす》めて遍《あまね》く其《そ》の伝《でん》を広《ひろ》めしむるも亦益《またえき》を広《ひろ》むるの方《ほう》なり。今《いま》の急務《きゅうむ》、安《いず》くんぞ此《こ》れに過《す》ぐるものあらんや。

（安政元年「幽囚録《ゆうしゅうろく》」）

【解説】

人材育成に対するこの提言は、いまの時代にも言えることだ。

実際、企業などではかなり以前から、社内のやる気のある人間を海外の大学院などに留学させる、というようなことを制度化して行っている。多くの場合、三、四年学んで帰国したら、その社員を幹部もしくは幹部候補生に登用し、会社の利益に貢献してもらうことになる。

日本はすでに世界でも進んだ国になったが、遅れをとっている領域はまだまだある。海外に学ぶことの重要性は、いまなお高いと言えよう。

松陰は留学にプラスして、新しいものを創り出すことに意欲的な人間を支援することも提唱している。いまなら、たとえば技術開発とか研究の費用を潤沢に与えてやったり、職域に応じた特別なスキルを磨くための研修制度を整えてやったりすることが、それに当たるだろう。

経済の停滞を背景に、日本ではいま少々その分野への投資が減ってきている感がある。将来の利益を考えれば、経費削減とも言ってはいられまい。松陰のこの提言は幕末期にあってはもちろん、いまも開明的と言える。

八九　三つの大事なこと

子どもを育てるのに一番大事なのは、雰囲気のいい家庭であることだ。そのために大事なのは、親たる者は先祖を大事にし、神仏にお祈りをし、家族睦まじく暮らすこと。
この三つさえちゃんとできていれば、何も教えずとも、子どもは親のやることを真似して立派に育っていく。

先祖《せんぞ》を尊《たっと》ぶと、神明《しんめい》を崇《あが》むると、親族《しんぞく》を睦《むつま》じくすると、已上三事《いじょうさんじ》なり。是《こ》れが子供《こども》をそだつる上《うえ》に大切《たいせつ》なる事《こと》なり。父母《ふぼ》たるもの此《こ》の行《ぎょう》あれば、小《こ》供《ども》は誰《た》れ教《おしう》ふるとなく自《おのずか》ら正《ただ》しき事《こと》を見《み》習《なら》ひて、かしこくもよくもなるものなり。

（安政元年十二月三日「妹千代宛書簡」）

【解説】

この手紙は野山獄から一番上の妹、千代に送ったもの。松陰の家族思いの一面がうかがわれる。「三つの大事なこと」は、杉家の家訓のようなものである。

一つ目の「先祖を尊ぶ」は、家を次の世代に受け渡していこうという気持ちの表れ。家中心主義は個人の自由を縛るものでもあるが、子子孫孫に伝えていくと思えばこそ、今生を精いっぱい生きる生きがいが得られる、という見方もできる。

二つ目の「神明を崇める」は、心を整えることに通じる。日々神仏に手を合わせていると、心は清らかでいられる。「天に、自らに恥じない行いをしよう」という気持ちにブレがなくなるというものだ。

三つ目の「親族睦じく」は、ある意味で社会の縮図たる家庭を学びの場と捉えてのことだろう。昔は親族が多く、兄弟が五人、十人は当たり前。松陰にも四人の妹（一人は幼死）と兄、弟がいた。子は親をはじめとする親族の大人たちのやることを真似して大きくなるもの。大人は身を整えていなければいけない。

現代は子育ての状況が違うけれども、環境づくりの重要性は変わらない。子育てをするうえで改めてこの三つの点を考えてみる必要がありそうだ。

吉田松陰をめぐる人々　⑤ 佐久間象山《しょうざん》

兵学者・朱子学者・思想家として知られる松代藩士、佐久間象山は、松陰の師でもある。象山自身は二十三歳のときに佐藤一斎《いっさい》の塾に入門。渡辺崋山《かざん》や藤田東湖《とうこ》らと親交を深めた。その後、帰藩して藩の子弟に経書や漢学を教えたり、再び江戸に出て象山書院を開いたりしたが、松陰が門を叩いたのは、象山が四十一歳のときに開いた江戸木挽町《こびきちょう》の塾である。ここは、松陰をはじめ勝海舟、坂本龍馬、橋本左内《さない》など、幕末維新の英才を輩出したことでも有名だ。

気の毒なのは、松陰が密航を企てたことに連座し、四十四歳から九年間、国元蟄居《ちっきょ》を強いられたこと。超行動的な弟子を持つと、師も苦労する。松陰に代わってというわけではないが、弟子の高杉晋作や久坂玄瑞は松代に面会に訪れている。時世について激論を交わし、象山の学識に感動して帰ったという。

象山はしかし、五十四歳のときに幕府の命令で京都に上り、公武合体開国を説いて活躍。その途上、尊皇攘夷派の凶刃に倒れ、非業の最期を遂げた。

6章　生死を超える

九〇　寿命に長短はない

人の寿命はさまざま。その長短をもって、人生の価値をはかるものではない。穀物のように、春に種をまいて、夏に苗を植え、秋に刈り取り、冬にそれを貯蔵する、といった流れがなくとも、人間には人生にふさわしい四季があるのだ。いくつで死のうと、花咲き実を結んだ人生なのである。

人寿《じんじゅ》は定《さだま》りなし、禾稼《かか》の必《かなら》ず四時《しじ》を経《ふ》る如《ごと》きに非《あら》ず。十歳《じゅっさい》にて死《し》する者《もの》は十歳中《じゅっさいちゅう》自《おのずか》ら四時《しじ》あり。二十《にじゅう》は自《おのずか》ら二十《にじゅう》の四時《しじ》あり。（中略）五十《ごじゅう》、百《ひゃく》は自《おのずか》ら五十《ごじゅう》、百《ひゃく》の四時《しじ》あり。

（安政六年十月二十六日「留魂録」）

【解説】

若くして亡くなる人に対して、私たちは「さぞ無念だったろう」「もっと生きたかったろう」という思いを強くする。

しかし、松陰は「命の長短」を超越した死生観を有している。「人は等しく天命をまっとうするのであり、その人生にはそれぞれ、四季が備わっている」と言う。

ここに続く部分では、「十歳で死んだから短い人生だったとするのは、夏の数週間しか生きられない蟬を何百・何千年と生きる霊木にしようと願うこと。逆に百歳を長い人生だったとするのは、霊木を蟬にしようとすることで、いずれも天寿をまっとうするとは言えない」と書かれている。

こんなふうに、「人の一生には、何歳で死のうと自ずから四季がある」と考えると、いたずらに死を恐れる気持ちがなくなるのではないだろうか。

誰しも、死は怖い。でも、そんな気持ちで人生を生きても、いいことは何もない。かといって、完全に死を忘れて生き、「ぼんやりしていたら、いつの間にか死んでいた」というのも悲しい。大事なのは、長生きばかりを願うのではなく、「命ある限りいかに生きるか」を考え、行動することである。

九一　志は死を超える

三十歳で死んでしまう私の人生に実りがあったかどうかはわからないが、同志たちが私の志を継いでくれるのならば、何も恥じることはない。志は死とともに消え去るものではないのだ。

義《ぎ》卿《けい》三十《さんじゅう》、四時《しじ》已《すで》に備《そなわ》はる、亦《また》秀《ひい》で亦《また》実《みの》る、其《そ》の秕《しいな》たると其《そ》の粟《あわ》たると吾《わ》が知《し》る所《ところ》に非《あら》ず。若《も》し同志《どうし》の士《し》其《そ》の微衷《びちゅう》を憐《あわれ》み継紹《けいしょう》の人《ひと》あらば、乃《すなわ》ち後来《こうらい》の種子《しゅし》未《いま》だ絶《た》えず、自《みずか》ら禾稼《かか》の有年《ゆうねん》に恥《は》ぢざるなり。同志《どうし》其《そ》れ是《こ》れを考思《こうし》せよ。

（安政六年十月二十六日「留魂録」）

【解説】

前項に続くこのくだりで、松陰は三十にして死を目前にしながらも、清々しい心持ちでいることを吐露している。「あれもやりたかった、これもやりたかったのに、もうおしまいだ」などといたずらに死を嘆くことをせず、「自分の人生にいま実りの時期がめぐってきた」と心静かに死を受け入れている。

そして、「自分の人生の実りが籾殻《もみがら》でも、籾でも、どうでもいいこと。ただ志という種を同志に受け継いでほしい」と願った。そこには、「肉体は死んでも、志は次代へとつながれ、やがて豊かな実を結ぶ」ことに対する確信がある。

自分は三十で死んでしまっても、志という種子を受け継ぎ、育てて、実らせてくれる者がある。短命であろうと、長寿をまっとうした者に何ら引けをとらない実りが得られる。だから、死を惜しまないのである。

このような不滅の志を持つことは、生身の自分を超越すること。死して後の世界をも開いてくれると言えよう。

九二「魂」の力を信じる

自分の身はこの世から消えてしまっても、ここに残しておこう、「日本という国の独立を守る」という志に貫かれた大和魂を。この魂の炎は消えることなく、同志たちに引き継がれていくと信じている。

身《み》はたとひ武蔵《むさし》の野辺《のべ》に朽《く》ちぬとも留《とど》め置《お》かまし大和魂《やまとだましい》

（安政六年十月二十六日「留魂録」）

【解説】

『留魂録』の書き出しのこの歌は、あまりにも有名である。

松陰は自身の志が一度の人生で遂げられるとは思っておらず、斬首《ざんしゅ》に処されるという運命を静かに受け入れ、後を同志たちに託したのだ。大和魂という形で。

この「大和魂」という言葉は軍国主義に利用された経緯があって、戦後五十年というもの、日本人の多くが拒否反応を示していたように思う。しかし、その〝冷遇期〟を経て二十一世紀に入ったころから、再び見直されてきている。

たとえば、サッカーの三浦知良《かずよし》選手がワールドカップのフランス大会で本戦の直前になってメンバーからはずされたとき、「日本のために闘い抜くという自分の魂はフランスに置いてきた」といった言い方をした。まさに「留魂録」！　現代においても、魂が人を動かすことを再認識させられたことを覚えている。

わが身を振り返って、「果たして魂があるか」を問うてみてほしい。「〇〇学校魂」でも「〇〇会社魂」「〇〇部魂」など、何でもいい。何かのためにがんばるんだという志――自分の中心に燃える熱い塊を感じることができれば、それは「魂」と呼んでもいいものだろう。それがない人生はちょっと寂しいように思う。

九三　簡単には死ねない

命を惜しんでもしょうがないことは、もうわかっている。しかし、人間というのはなかなか簡単には死ねないものだ。私もこれまで三度ばかり死を覚悟したが、まだ死ねない。うそじゃあない。人が殺してくれないのだ。今回の伏見《ふしみ》要駕《ようが》策の件も死を覚悟でやったのに、死ねないんじゃないかと、そればかりが心配だ。

命《いのち》の惜《お》しむに足《た》らぬことは最早《もはや》合点《がてん》ならん。是《こ》れから容易《ようい》に死《し》なれぬ事《こと》を云《い》ふ《う》べし。吾《わ》れ年三十《としさんじゅう》、是《こ》れ迄《まで》死《し》を決《けっ》すること中々両三度《なかなかりょうさんど》に止《とど》まらず。然《しか》れども遂《つい》に死《し》せず。かく云《い》は《わ》ば松陰《しょういん》がうそ云《い》ふ《う》と云《い》は《わ》うが、どうしても人《ひと》が殺《ころ》しては呉《く》れぬ。今度《こんど》要駕《ようが》も恐《おそ》らくは死《し》に至《いた》るまいと夫《そ》れのみ苦心《くしん》ぢや《じゃ》。

（安政六年三月十三日頃「品川弥二郎宛書簡《しながわやじろうあてしょかん》」）

【解説】

「伏見要駕策」とは、松陰が獄中から出した指令で、「参勤交代の途に上る藩主の行列を伏見を通過する際に止め、朝廷に攘夷を誓わせる」ことを画策したものだ。あまりにも無謀な策と、門下生はほとんどが反対したほどで、現実に失敗に終わった。松陰にすれば、もとより死は覚悟のうえだ。

おもしろいのは、松陰が、死ぬことよりも、「殺してもらえないんじゃないか。また死ねないんじゃないか」と心配しているところだ。後段で「自分を捕縛する人のことも察してやれ。才力がなく、やむをえず私を捕縛したけれど、私が申し開きをすれば、ごもっとも、ごもっともともとなり、なかなか殺すこともできまい」というようなことも書いている。とはいえ、死んでしまったのだが。

「なかなか人が殺してくれぬ」というのは、いまの時代ならなおさらだろう。犯罪は別にして、いかに周囲から非難されたり、大勢に盾をついたりしても、一生懸命やっている分には命まで取られることはまずない。

だから、リスクの高い仕事を前にしてビビりそうになったとき、ちょっとつぶやいてみてほしい。「何も命まで取られるわけじゃなし」と。覚悟が決まるはずだ。

九四　自分の死を起爆剤に

一生を締めくくる死をどう迎えるかは、非常に難しい。私のことを理解してくれる友人もなく、尊皇攘夷に立ち上がり行動してくれる人もなく、何も楽しいことはない。もはや生きて事を成す術《すべ》がない以上、死んでみせることによって同志の決起を促すしかあるまい。自分の死が起爆剤になることを望む。

死《し》は一生《いっしょう》の結局《けっきょく》なり、故《ゆえ》に亦難《またかた》し。一句絶妙《いっくぜつみょう》。（中略）平生《へいぜい》の知己《ちき》一人《ひとり》も知《し》つて呉《く》れる人《ひと》なく、一人《ひとり》も尊攘《そんじょう》して呉《く》れる人《ひと》なく、実《じつ》に些《すこし》も楽《たの》しい事《こと》はないではないか。（中略）僕《ぼく》が死《し》を求《もと》むるは生《い》きて事《こと》をなすべき目途《めど》なし。死《し》んで人《ひと》を感《かん》ずる一理《いちり》あらんかと申《もう》す所《ところ》と、

（安政六年四月四日「野村和作宛書簡」）

【解説】

このくだりに続けて、松陰は「此《こ》の度《たび》の大事《だいじ》に一人《ひとり》も死《し》ぬもののなき、余《あま》りも〳〵《あまりも》日本人《にほんじん》が臆病《おくびょう》になり切《き》つたがむごいから、一人《ひとり》なりと死《し》んで見《み》せたら朋友故旧《ほうゆうこきゅう》生残《いきのこ》つたもの共《ども》も、少《すこ》しは力《ちから》を致《いた》して呉《く》れうかと云《い》ふ迄《まで》なり」と綴る。

世の中は自分の志とは逆の方向に進んでいく。誰ひとりとして、それを阻止するべく決起しようとする者はいないし、門弟たちの多くが遠ざかってゆく。松陰はそのことに業を煮やしたのである。

それにしても、「自分が死んでみせることによって、同志たちを目覚めさせる」とは、激しすぎる。とても常人には真似できまい。

しかし、何か事を成そうとして、同じ考えを持つ仲間たちがあまりにおよび腰であるようなとき、「自分ひとりでもやってやる！」という、いわば「自分が捨駒になる覚悟」を持つことはあっていい。行動を起こしたとたんに大きくつまずいたとしても、そんな自分の姿を見て仲間たちが奮起する可能性は高い。

大きな事が成された途上には、たいていの場合、自ら捨駒となって勇猛果敢に行動した人たちがいる。頭の片隅でいいから、そのことを覚えておきたい。

九五　ただ信じる道を歩むのみ

死んで不朽の志を残す見込みがあるのなら、いつでも死ぬべきだ。生きて大きな事業を成す見込みがあるのなら、いつまでも生きるべきだ。要するに、いつ死んでも、いつまでも生きてもどちらでもいい。ただ自分の信じる道を歩むのみ。そこに心の安らぎがあり、〝死にどころ〟もあるのだ。

死《し》は好《この》むべきに非《あら》ず、亦悪《またにく》むべきにも非《あら》ず、道尽《みちつ》き心安《こころやす》んずる、便《すなわ》ち是《こ》れ死所《しにどころ》。（中略）「死《し》して不朽《ふきゅう》の見込《みこ》あらばいつでも死《し》ぬべし。生《い》きて大業《たいぎょう》の見込《みこ》あらばいつでも生《い》くべし。」僕《ぼく》が所見《しょけん》にては生死《せいし》は度外《どがい》に措《お》きて唯《た》だ言《い》ふべきを言《い》ふのみ。

（安政六年七月中旬「高杉晋作宛書簡」）

【解説】

伝馬町の獄中から高杉晋作に宛てて書いたこの手紙は、高杉の「志士として死ぬべきところはどこか」という問いに答えたものだ。「投獄されて以来、ずっと考えていた」という松陰は、「死《し》の一字《いちじ》大《おお》いに発明《はつめい》あり」とし、李氏焚書《りしふんしょ》の説を記している。それが「死は好むべきに……」のくだりである。

思えば、松陰の弟子のなかでも伊藤博文や山県有朋は総理大臣にまで上り詰め、日本を支えた。〝生きて大業組〟である。一方、松陰もそうだが、久坂玄瑞や高杉晋作らは〝死して不朽組〟。維新を待たずに、この世を去った。

命の長短に違いはあっても、彼らが「自分の信じる道を歩んだ」という意味で、命を失ったそのとき・その状況が〝死にどころ〟だったと言える。松陰にしても、何も死に急いだわけではなく、生死は度外視して、「自分のやるべきことをやり、言うべきことを言う」ことに徹したのである。

私たちもあまり生死にこだわってもしょうがない。「いつ死んでもいい」と思えるくらい、自分の思うところに従って充実した日々を生きることにエネルギーを注ぎたい。松陰の手紙を読むと、そんなふうに思えてくる。

九六　命短し、遺せよ生きた証

人生は短い。何か「これだけはやり遂げた。よかった、よかった」と思えることをやって、死んでいこうじゃないか。何をやるかは、自分の腹に聞けばわかる。

人間《じんかん》僅《わず》か五十年《ごじゅうねん》、人生七十《じんせいしちじゅう》古来希《こらいまれ》、何《なに》か腹《はら》のいえる様《よう》な事《こと》を遣《や》つて死《し》なねば成仏《じょうぶつ》は出来《でき》ぬぞ。

（安政六年四月頃「品川弥二郎宛書簡」）

【解説】

「腹のいえる」という表現がおもしろい。同じ「生きた証を遺す」にしても、その何かは自分が腹から納得できることでなくてはならない、と松陰は言う。これは同時に、「それをやる覚悟は決まっているのか」という問いかけでもある。

何も特別な仕事を持てということではない。「何か腹のいえるようなことをやろう」と思うことで、いまやっている仕事に対する覚悟が変わってくるのだ。

それで思い出すのは、黒澤明監督の『生きる』という映画である。主人公は定年間近の地方公務員。無気力・無感動な毎日を送っていたが、余命宣告を受けて「このまま死んでもいいものか」と思い悩む。紆余曲折あって、役所で放置されていた暗渠《あんきょ》の埋め立てを求める陳情書を引っ張り出した。そして、やる気のない役人たちを動かし、きれいな公園を造ったのだ。その公園で彼が「いのち短し恋せよ乙女」と歌いながら死んでいくシーンは感動的である。

この主人公のように死期が迫っていなくとも、自分の仕事を「生きた証を遺す」という視点で捉え直し、「自分にとって腹のいえることは何だろう」と考えてみてほしい。「生きている間にこれだけはやり遂げた」と実感できる人生を送るために。

九七　志は伝えていくもの

志は伝えていくものである。まず自分自身が実践し、家族へ、故郷の人々へ、さらには同志たちへと伝えていく。そうすれば、子子孫孫、千年・万年と、志という自分の心の遺伝子はどんどん増殖するだろう。

此《こ》の志《こころざし》を一身《いっしん》より子々《しし》孫々《そんそん》に伝《つたえ》へば、其《そ》の遺沢《いたく》十年《じゅうねん》百年《ひゃくねん》千年《せんねん》万年《まんねん》と愈《いよ》愈《いよ》益々《ますます》繁昌《はんじょう》すべし。

（安政三年三月二十八日「講孟余話」）

【解説】

たとえば、キリストには福音《ふくいん》を伝えた十二人の使徒がいた。彼らは必ずしも全員が優秀だったわけではないが、キリスト教自体は数千年にわたってどんどん広がってきた。

仏教や儒教も然り。仏教はゴータマ・ブッダ、儒教は孔子が自らの思いを数人の弟子たちに伝え、そこから広く伝播されたのだ。いまに伝わる数々の経典ならびに『論語』は、いずれも弟子たちが記憶した師の言葉を死後に編纂したものである。

このように、志をまっとうしようとするとき、自分のなかで思いを燃やすだけでは十分ではない。その志を理解する者たちに伝えていくことが重要なのである。それにより、志は広く伝えられていくのだから。

現代なら、たとえば稲盛《いなもり》和夫氏はそれを実践していた人だろう。著書『生き方』のなかでも、稲盛氏は「自分の考えを本当によくわかっている人を幹部として育てなさい」と言っているし、盛和《せいわ》塾を通して自らの思いを世の経営者たちにも広く伝えていた。

九八　心の遺伝子は時空を超えて広がる

もし事を成す途中で首を刎《は》ねられたら、それまでのこと。牢のなかで死ぬとしても、自分の志をつないでくれる同志を残していくのだから、それでよい。志という人間の心の遺伝子は、時空を超えて広がっていくものなのだ。

若《も》し此《こ》の事《こと》が成《な》らずして半途《はんと》にて首《くび》を刎《は》ねられたれば夫《そ》れ迄《まで》なり。若《も》し僕《ぼく》幽囚《ゆうしゅう》の身《み》にて死《し》なば、吾《わ》れ必《かなら》ず一人《ひとり》の吾《わ》が志《こころざし》を継《つ》ぐの士《し》をば後世《こうせい》に残《のこ》し置《お》くなり。

（安政三年八月十八日、十九日「默霖《もくりん》と往復書簡《おうふくしょかん》」）

【解説】

ここは「心の遺伝子」を考えてみたい。リチャード・ドーキンスが著書『利己的な遺伝子』で「ミーム」と名づけた文化的遺伝子だ。この本では、簡単に言えば「人間は遺伝子を運ぶ乗り物である」といった考え方を提唱している。それに従って考えれば、私たちはよく「自分の遺伝子を残す」といった言い方をするが、繁殖の観点で見れば、遺伝子は結びつく相手と半々で複製されることの繰り返しである。自分の遺伝子そのものが永遠に残ることはありえない。松陰の言うように「死んだらそれまで」である。しかし、人間は生物的進化だけではなく、文化的進化のできる生物だ、というのがドーキンスの考え。たとえば、宗教には教典という遺伝子があって、世界に複製・拡大されていく。言語や企業風土といったものもそうだし、松陰が同志に残そうとした志もそう。同志はいわば「ミーム（文化的遺伝子）の運び手」だ。

私たちもその観点から人生や仕事を捉え直してはどうだろう。いま、ともに過ごす人たちとの時間がより熱く濃密になっていくに違いない。自分の遺伝子よりもミームを残すことを志したほうが、人生のスケールが大きくなると思う。

九九　百年・千年後の知己《ちき》を待つ

自分のやったことが良かったか、悪かったかの評価は、棺桶《かんおけ》の蓋《ふた》が閉じられた後に決めてもらうものだ。だから、私は生きている間に評価がほしいなどと思いはしない。自分の心に疚《やま》しいことがなければ、それでよし。あとは、百年・千年後に知己《ちき》が得られることを期待するばかりだ。

要《よう》は内《うち》に省《かえり》みて疚《やま》しからざるにあり。抑《そもそも》亦《また》人《ひと》を知《し》り幾《き》を見《み》ることを尊《とうと》ぶ。吾《わ》れの得失《とくしつ》、当《まさ》に蓋棺《がいかん》の後《のち》を待《ま》ちて議《ぎ》すべきのみ。

（安政六年十月二十六日「留魂録」）